भारतवर्ष का मौलिक रूपान्तरण कार्यक्रम

संयुक्त राष्ट्रसंघ की मानवीय विकास सूची में भारत को वर्तमान
१३५वें स्थान से शीर्ष १० में प्रस्थापित करने हेतु समाधान

भारतवर्ष का मौलिक रूपान्तरण कार्यक्रम

(उन्नत, व्यापक, संघटित, सशक्त, असाधारण, प्रगतिशील, नवप्रवर्तनशील, प्रबल एवं सम्पूर्ण, अतः मौलिक)

लेखकः सांकल्पिक दृष्टज्ञ रचयिता – जसवीर सिंह

(लेखक की अंग्रेजी पुस्तक India's Unique Transformation Programme, प्रकाशक Kalpaz Publications, का लेखक द्वारा स्वयं हिंदी में अनुवादित संस्करण)

KALPAZ

भारतवर्ष का मौलिक रूपान्तरण कार्यक्रम

मूल्यः ₹640

ISBN: 978-93-5128-135-1

भारत में सन् 2016 में प्रकाशित

कल्पाज़ पब्लिकेशन्स
सी–30, सत्यवती नगर
दिल्ली– 110052

फोनः– 9212142040

ई–मेलः– kalpaz@hotmail.com

मुद्रित :– जी. प्रिंट प्रोसेस, दिल्ली

संयुक्त राष्ट्रसंघ की मानवीय विकास सूची में भारत को वर्तमान १३५वें स्थान से शीर्ष १० में ५ से ८ वर्ष में प्रस्थापित करने हेतु समाधान

जिसकी समस्त जनता सुपात्र है, अपने निर्वाचित प्रतिनिधियों से आशा एवं अपेक्षा करती है तथा जो १०० प्रतिशत सम्भव है.

समस्त नागरिकों के आवश्यक वाचन के लिए, विशेषतः

- वर्तमान तथा भावी राष्ट्रीय, प्रादेशिक, जिला एवं ग्रामीण निर्वाचित प्रतिनिधि
- राष्ट्रीय, प्रादेशिक, जिला एवं ग्रामीण प्रशासनिक कर्मचारी
- प्रबंधन विद्यार्थी, कार्यरत प्रबंधक तथा अन्य संव्यावसायिक
- युवा विद्यार्थी
- शेष सभी मताधिकार का प्रयोग करने योग्य जनता

१०० प्रतिशत सफलता हेतु सुस्पष्ट विश्लेषण,
अद्‌भुत एवं प्रभावशाली कूटनीति,
तकनीक, सूत्र, कार्यप्रणालियां, प्राथमिकताएं,
लक्ष्य, समाधान, योजनाएं तथा नियत कार्य

यह पुस्तक सर्वशक्तिमान सृष्टिकर्ता को अर्पित है.

क्रम–सूची

अंग्रेजी संस्करण में संपादक का कथन (इस पुस्तक के वाचन से सम्बंधित)

यह पुस्तक एक निपुण व्यक्ति द्वारा प्रतिपादित है जो कि व्यावहारिकता, वास्तविकता तथा विषय क्षेत्र में निपुणता पर आधारित है. लेखक ने कई स्थानों पर कई तथ्यों का दोहराव किया है जो कि प्रसंग के अनुसार आवश्यक है, इसलिए, निहित आशय उचित रूप से समझने के लिए, वाचक को क्रमबद्ध प्रत्येक शब्द तथा दोहराव पढ़ना चाहिए. पुस्तक में न केवल इसका वर्णन है कि क्या किया जाना चाहिए अपितु इसका भी की किस सीमा तक. लेखक द्वारा प्रस्तुत सुझाव निदेशात्मक नहीं हैं अपितु एक सामान्य देश में क्या होना चाहिए इसका संकेत देते हैं. वास्तव में ये गतिविधियाँ देश की विविधता तथा जनता को ध्यान में रखते हुए जनता के हित एवं कल्याण के लिए हैं. हमारे देश, जहाँ उत्कृष्ट जनता निवास करती है, में कोई भी जनहित गतिविधि एक गुणा की संख्या की भांति कार्य करते हुए अत्यधिक बढ़ सकती है जैसे कि अर्थव्यवस्था में एक छोटे से ऋण की व्यवस्था एक गुणा की संख्या की भांति कार्य करते हुए बढ़ोत्तरी ला सकती है. यदि लेखक द्वारा वर्णित कार्यक्रम कार्यान्वित हो तो लेखक की संकल्पना हमारे वास्तविक सुपात्र तथा धन्य देश के लिए परिणाम स्वरूप एक साधारण घटना होगी, इससे कम कुछ भी स्वीकार्य नहीं हो सकता.

जय भारत

लेखक सम्बंधित विवरण

लेखक के विषय में:– जसवीर सिंह, वर्तमान बेल्जियम निवासी, मूलतः उत्तर प्रदेश से हैं तथा उन्होंने भारतीय प्रौद्योगिक संस्थान, दिल्ली से एम. टेक. एवं ब्रसेल्स, बेल्जियम से एग्जीक्यूटिव मास्टर ऑफ मैनेजमेंट का अध्ययन किया है. उन्हें आई. टी. तथा टेलेकॉम के क्षेत्र में लगभग ३० वर्षों का उच्च–स्तरीय अंतर्राष्ट्रीय अनुभव है तथा कई विदेशी भाषाओं – फ्रेंच, डच तथा जर्मन – का बहुत अच्छा ज्ञान है.

भारत में लगभग ३० वर्ष निवास के बाद वे अपने परिवार सहित लगभग इतने ही वर्ष विदेशों – फ्रान्स, ऑस्ट्रेलिया, बेल्जियम तथा जर्मनी – में निवास कर चुके हैं. इस पर्यन्त वे कार्य के लिये लगभग २५ देशों का भ्रमण कर चुके हैं. इस प्रकार उन्होंने भारतवर्ष की अधिकांश जनता तथा इन देशों की जनता के जीवन स्तर की असामनता का गहन अवलोकन किया है. उन देशों में जहाँ वे रह चुके हैं, जनता के लिए सभी क्षेत्रों में प्रत्येक प्रकार की सर्वश्रेष्ठ सुविधाएँ उपलब्ध हैं. इन सुविधाओं के बल पर समस्त जनता को अपनी प्रतिभा विकसित कर के देश तथा स्वयं का विकास तथा उन्नति करने का सुयोग प्राप्त है. इसके साथ ही, भारतवर्ष में उनके अनुभव की तुलना में, इन देशों में आश्चर्यजनक रूप से अत्यधिक प्रभावशाली, निष्कपट, परेशानी–रहित तथा सरल, प्रशासनिक प्रणालियाँ/सेवाएं उपलब्ध हैं उदाहरणतः पारपत्र, पहचानपत्र, चालक अनुज्ञापत्र, रेलगाड़ी में आरक्षण,

बालकों का विद्यालय में प्रवेश प्राप्त करना आदि के लिए. इससे भी अधिक आश्चर्यजनक वास्तविकता है कि यह सब प्रशासनिक निर्धारित शुल्क से किसी को भी एक भी पैसा अधिक दिए बिना तथा बिना किसी भी सेवारत प्रशासनिक अधिकारी/कर्मचारी से किसी भी प्रकार के खुशामदी/उपकारशाली सम्बन्ध स्थापित किये बिना घटित होता है. इसी प्रकार अन्य सभी सर्वश्रेष्ठ सुविधाएँ जैसे कि २४–घंटे विद्युत, जल तथा रसोईगैस, परिवहन, स्वास्थ्य, खरीदारी, खेलकूद, बैंक सुविधाएँ बिना किसी जाति, धर्म अथवा सामाजिक स्थिति पर आधारित उपलब्ध हैं. एक अन्य मुख्य अंतर – सर्वत्र सभी वस्तुओं के निश्चित निर्धारित मूल्य, कहीं भी मोल–भाव करने की आवश्यकता नहीं जो कि जीवन को सरल बनाने में अति सहायक है.

लेखक की असीम अभिलाषा है कि भारत में सर्वत्र समस्त जनता को सभी क्षेत्रों में सर्वश्रेष्ठ सुविधाएँ उपलब्ध हों जो कि विशेषतः बच्चों के लिए अत्युतम होगा क्योंकि अधिकांश बच्चों में प्रतिभा के भण्डार हैं जो इन सुविधाओं के प्रयोग एवं उपयोग से पूर्णतः विकसित की जा सकती है. यदि सभी बच्चों को शिक्षा, खेलकूद, संस्कृति, कला, संगीत, आदि के क्षेत्र में सर्वोत्तम सुविधाएँ उपलब्ध की जाएँ तो ये खेलकूद में चमक कर ओलम्पिक आदि खेलों की प्रतियोगिताओं में सैकड़ों स्वर्ण पदक जीत कर ला सकते हैं, उच्च कोटि के वैज्ञानिक तथा चिकित्सक बन सकते हैं, प्रशंसनीय क्षेत्रों में नोबेल पुरस्कार प्राप्त कर सकते हैं (बाल श्रम अथवा निर्धनता के क्षेत्र नहीं, न ही झुग्गी–झोपडियों से सम्बंधित चलचित्र बनाने के पुरस्कार) तथा उच्च कोटि के संगीतज्ञ बन कर अंतर्राष्ट्रीय पुरस्कार प्राप्त कर सकते हैं. विकसित देशों में उपलब्ध श्रेष्ठ सुविधाओं के उपयोग का एक उत्कृष्ट उदहारण है स्वयं लेखक का पुत्र जिसने अपनी रुचि, रुझान तथा योग्यता के अनुसार उत्तम संस्थानों का चयन कर वहां शिक्षा प्राप्त की तथा एक निपुण अंतर्राष्ट्रीय कॉन्सर्ट पियानिस्ट बना (देखिये www.seenusingh.com). लेखक भारत के सभी बच्चों के लिए ऐसी ही

सफलता की हार्दिक रूप से कामना करता है जो कि केवल लेखक द्वारा इस पुस्तक में वर्णित "भारतवर्ष का मौलिक रूपान्तरण कार्यक्रम" के क्रियान्वयन से ही सम्भव है.

लेखक एक अत्यंत सक्रिय समाज सेवा संगठन 'मौलिक भारत' (www.maulikbharat.org), जिसके प्रमुख लक्ष्यों में इस रूपान्तरण कार्यक्रम का क्रियान्वयन सम्मिलित है तथा जो इसके क्रियान्वयन के प्रति जागृति के लिए अत्यधिक प्रयत्नशील है, के वरिष्ठ सलाहकार हैं.

ई–मेल द्वारा संपर्कः–jsingh@live.be

प्रस्तावना

भारतीय राजनीतिक नेताओं के लिये चुनौती – क्या वे इसके लिये सक्षम, योग्य, इच्छुक एवं उद्यत हैं कि वे सम्पूर्ण भारत की समस्त जनता की सभी आवश्यकताएं जिसकी जनता सुपात्र है पूरी कर सकें?

इस पुस्तक में, एक संक्षिप्त प्रारम्भिक प्रस्तुतिकरण के पश्चात्, भारतवर्ष की वर्तमान स्थिति का समीक्षात्मक तथा तथ्यपूर्ण विश्लेषण किया गया है जिससे यह सरलतापूर्वक समझा जा सकता है कि भारत में सभी प्राकृतिक सम्पदा एवं प्रतिभावान व्यक्तियों के होते हुए भी क्यों अधिकांश भारतवासी कठिनाइयों से भरा जीवन व्यतीत करने को विवश हैं. इसके उपरांत भारत तथा भारतवासियों के लिये एक भव्य दृष्टिकोण प्रस्तुत किया गया है – जो कि ५ से ८ वर्ष में भारत का स्थान संयुक्त राष्ट्रसंघ की मानवीय विकास तालिका में वर्तमान १३५वें से अग्रसर कर प्रथम १० राष्ट्रों में प्रस्थापित करने का दृष्टिकोण है. इस दृष्टिकोणिक लक्ष्य की प्राप्ति के लिये एक मौलिक रूपान्तरण कार्यक्रम, जिसमें समाधान के रूप में लगभग १०० अत्यंत विशाल योजनाओं तथा उनकी कार्यान्वयन कूटनीति का वर्णन है, की चर्चा की गई है. रूपान्तरण कार्यक्रम मौलिक है क्योंकि यह अग्रलिखित विशिष्टताओं से परिपूर्ण है – उन्नत, व्यापक, संघटित, सशक्त, असाधारण, प्रगतिशील, नवप्रवर्तनशील, प्रबल एवं सम्पूर्ण. अतः इस

पुस्तक का केन्द्रिक मूल विषय यह उच्चाकांक्षी मौलिक रूपान्तरण कार्यक्रम है जिसका कार्यान्वयन अभीष्ट लक्ष्य की प्राप्ति के लिये आवश्यक तथा १०० प्रतिशत संभव है. समाधान, सूत्र, कार्यप्रणाली तथा तकनीक सहित कार्यान्वयन कूटनीति, जो कि पश्चिम यूरोप के विकसित देशों में कार्यान्वित, उपलब्ध तथा सिद्ध प्रतिरूपों पर आधारित है, का विस्तारपूर्वक वर्णन किया गया है. इसका उपयोग भारतवर्ष में चमत्कारिक रूप से तीव्र एवं संतुलित विकास के लिये किया जा सकता है जिससे सम्पूर्ण भारत में समस्त १०० प्रतिशत जनता का जीवन–स्तर १०० गुना श्रेष्ठतर हो.

यह पुस्तक सभी वयस्क नागरिकों विशेषतः निम्नलिखित वर्ग के लोगों के वाचन के लिये लक्षित एवं अनुशंसित है.

– सभी वर्तमान तथा भावी लोकसभा, विधानसभा, राज्यसभा, विधानपरिषद, नगरनिगम, पंचायत आदि के सभी निर्वाचित प्रतिनिधि जिससे वे भारतवर्ष के संतुलित विकास के संघटित समाधानों को अच्छी तरह समझ सकें और आवश्यक तकनीकी व प्रबंधन प्रणालियों की कार्यविधियों को सीख सकें. अतः इस सम्बन्ध में यह पुस्तक इनके लिये पथप्रदर्शक व्यावहारिक नियम पुस्तिका तथा परिदर्शिका की भांति है.

– राष्ट्रीय, प्रादेशिक, जिला एवं ग्रामीण स्तर के सभी प्रशासनिक कर्मचारी जिससे कि उन्हें उन्नत एवं सशक्त सुधारों व बेहतरी के लिये आवश्यक सभी स्तरों की विभिन्न प्रणालियों का ज्ञान हो और उन्हें पता चले कि कैसे सभी स्तरों पर प्रभावशाली प्रबंधन किया जा सकता है.

– सभी प्रबंधन विद्यार्थी, कार्यरत प्रबंधक तथा अन्य संव्यावसायिक जिससे वे देश प्रबंधन के सर्वश्रेष्ठ कार्यों, जिनके द्वारा १२० करोड़ लोगों का भाग्य विकास के इच्छित मार्ग पर ले जाया जा सकता है, से परिचित हों. इस प्रकार यह पुस्तक उनको

प्रेरित तथा प्रोत्साहित करती है कि वे अपने सह–नागरिकों के कल्याण व उत्थान के लिये राजनीति में प्रवेश करें.

– सभी युवा विद्यार्थी जिनको यह पुस्तक उनके उज्जवल भविष्य के लिये मौलिक रूपान्तरण कार्यक्रम द्वारा देश के संतुलित विकास की आवश्यकताओं तथा चुनौतियों से अवगत कराती है और उन्हें प्रेरित करती है कि वे प्रबंधन दिशा में अध्ययन करें एवं तत्पश्चात् राजनीतिक जीवनवृत्ति अपनाकर कुशल राजनीतिक प्रबंधक बनें.

– शेष सभी मताधिकार का प्रयोग करने योग्य जनता जो कि विभिन्न स्तरों – राष्ट्रीय, प्रादेशिक, नगर व ग्रामीण – के लोकतान्त्रिक प्रतिनिधियों का निर्वाचन करती है जिससे समस्त जनता को पता चल सके कि वे किन सर्वोत्तम सुविधाओं तथा किस सर्वश्रेष्ठ व्यवहार के सुपात्र एवं अधिकारी हैं जिनकी अपेक्षा वे अपने निर्वाचित प्रतिनिधियों से करें जिससे प्रतिनिधि उन्हें सम्पूर्ण भारत में सभी क्षेत्रों में सभी सर्वश्रेष्ठ सुविधाएँ उपलब्ध कराएं.

१

भूमिका

भारतवर्ष का उज्जवल, गौरवशाली एवं उत्कृष्ट भविष्य?

हमारे प्रिय भारत की वर्तमान स्थिति यह है कि कई क्षेत्रों में हमारे देश की गणना विश्व के सबसे उत्कृष्ट देशों में की जाती है और कई अन्य क्षेत्रों में हमारा देश अत्यंत निकृष्ट कोटि का जाना जाता है. हमारे देश का स्थान उन क्षेत्रों में उच्चतम है जहाँ उच्च स्थान अत्यंत लज्जाजनक है और उन क्षेत्रों में जिनमें निम्न स्थान अत्यंत लज्जाजनक है हमारा स्थान अधमतम है.

इस समय भारत की यह दशा है कि यदि भ्रष्ट और स्वार्थी लोगों के लिये कोई नोबेल पुरस्कार होता तो हमारे देश के कुछ व्यक्ति पिछले लगभग ५० वर्षों से उसे लगातार पा रहे होते. फलतः हमारे देश का स्थान भ्रष्ट देशों की सूची में सर्वोच्च है. इसके अतिरिक्त क्षुधा, कुपोषण, निर्धनता, अपराध, अवैध (काला) धन, कर–चोरी, महिलाओं एवं बालिकाओं का अपमान तथा उनकी सुरक्षा का व्यापक अभाव (कन्या की जन्म से पूर्व गर्भ में ही हत्या तथा जीवित कन्याओं के साथ घोर घृणित अपराध!) के क्षेत्रों में भी हमारा स्थान सर्वोच्च है. हम प्रतिभावान व्यक्तियों, परिश्रम, तथा उद्यम में सर्वश्रेष्ठ हैं। फलतः हम समस्त विश्व में निम्नतम मूल्यिक श्रमिकों व निपुण व्यक्तियों को कार्य करने के लिये भेजने में सर्वोच्च हैं चाहे वह कार्य शारीरिक श्रम का

हो या वैचारिक बुद्धि जैसे कि सॉफ्टवेयर आदि का. हम अपने देश की जनता के परिश्रम का फल उनको न देकर उनको आवास, शिक्षा, यातायात, स्वास्थ्य, खेलकूद, सुरक्षा, आधारिक संरचना, आजीविका, इत्यादि सभी क्षेत्रों में विश्व की सर्वश्रेष्ठ सुविधाओं, जिसके कि वे सुपात्र हैं, से वंचित रखने में सर्वोच्च हैं. हम अपने देश की प्राकृतिक सम्पदा एवं मानवीय प्रतिभा का सदुपयोग अनुसन्धान और आधुनिक उपकरणों के उत्पादन के लिये न कर के और इसका लाभ भारत की उन्नति और भारतीयों की समृद्धि की बढ़ोत्तरी में न कर के उनको विदेशों में निःशुल्क पलायन करवाकर इस सम्पदा और प्रतिभा का पूर्ण लाभ विकसित विदेशों के उपयोग में लाने के लिये सर्वोच्च हैं. इतना ही नहीं, हम विदेशों में निर्मित यंत्र, उपकरण आदि अत्यधिक ऊँचे मूल्यों पर खरीदने वाले देशों की सूची में सर्वोच्च हैं। इसके साथ ही हम विदेशियों को ऐसे अच्छे अवसर प्रदान करने में सर्वोच्च हैं जिससे कि भारत में विस्तृत स्तर पर व्याप्त निर्धनता, गन्दगी, अपराध, बाल–श्रम आदि से जुड़कर वे (तथा भारतीय भी) अंतर्राष्ट्रीय स्तर पर पुरस्कार (नोबेल, ऑस्कर, आदि) प्राप्त करते हैं.

परन्तु वास्तविकता यह है कि भ्रष्टाचार, निर्धनता, क्षुधा, अपराध, अवैध (काला) धन तथा कर–चोरी, ये सब वास्तविक समस्या के लक्षण मात्र हैं. हमें समस्या की जड़ तक पहुँच कर उसका उचित समाधान करना चाहिए. वास्तविक समस्या है स्वतंत्रता से अब तक हमारे कई निर्वाचित जन–प्रतिनिधियों की जनता के जीवन–स्तर के प्रति सम्पूर्ण संवेदना–रहित उदासीनता तथा उनके सुयोजित ढंग से देश और देशवासियों की उन्नति के लिये योजनाबद्ध कार्य करने की अयोग्यता एवं उचित दृष्टिकोण का अभाव. इस तरह हमारा देश कई संवेदनारहित, स्वार्थी, और अयोग्य जन–प्रतिनिधियों के लिये सर्वोच्च स्थान रखता है जिनका मुख्य स्वार्थी उद्देश्य यह है कि अधिकांश जनता को दबा कर सब अच्छी सुविधाओं से वंचित रखा जाये जिससे साधारण जनता कठिनाइयों का जीवन व्यतीत करने पर विवश रहे

और ये लोग स्वयं विलास और श्रेष्ठ सुविधाओं से परिपूर्ण सुखी जीवन बिताएं. ऐसे कई स्वार्थी जन–प्रतिनिधियों के स्वयं के हितों में ही काम करने के फलस्वरूप भारतवर्ष एक सफल 'समस्त धन, समृद्धि तथा प्रतिभा की सम्पूर्ण निकास एवं पलायन प्रणाली' से पीड़ित है जिसके परिणाम स्वरूप भारतवासियों को उनके कठोर परिश्रम के फल का विकसित देशों में संपूर्ण निकास कर भारतवासियों को इस फल से पूर्णतः वंचित रखा जाता है. भारतवर्ष प्राकृतिक सम्पदा एवं प्रतिभावान व्यक्तियों से परिपूर्ण है और इन दोनों को ही अत्यधिक सफलतापूर्वक विकसित देशों के निवासियों की और अधिक उन्नति एवं उनकी समृद्धि की बढ़ोत्तरी के लिये उपयोग में लाया जा रहा है.

भारतवर्ष, जिसकी जनसंख्या लगभग १२० करोड़ और क्षेत्रफल लगभग ३० लाख वर्ग किलोमीटर है और जहाँ कई धर्मों, भाषाओं, रीति–रिवाजों सहित विभिन्न सामाजिक स्तरों के अत्यधिक विषमताओं से परिपूर्ण जीवन–स्तर के लोग निवास करते हैं, कई विशाल समस्याओं से ग्रसित है. इन समस्याओं से जूझने के लिये अत्यधिक योग्य, जनता के प्रति करुणा एवं दया का भाव रखने वाले संवेदनशील कुशल प्रबंधक जन–प्रतिनिधियों, जोकि देश को ऐसी दिशा में ले जाएं जिससे देश का संतुलित विकास हो और उस विकास का १०० प्रतिशत जनता को पूर्ण लाभ हो, की आवश्यकता है. हमें 'समस्त धन, समृद्धि तथा प्रतिभा की सम्पूर्ण निकास एवं पलायन प्रणाली' को एक मौलिक रूपान्तरण कार्यक्रम द्वारा पूर्णतः बदलना होगा जिस से जनता के परिश्रम का पूर्ण फल उसे मिले और जिस से समस्त भारतवासियों का जीवन–स्तर अत्युत्तम (वर्तमान जीवन–स्तर से लगभग १०० गुना श्रेष्ठतर) हो. समस्त भारतीय जनता आवास, शिक्षा, यातायात, स्वास्थ्य, खेलकूद, मनोरंजन, सुरक्षा, आधारिक संरचना (इन्फ्रास्ट्रक्चर), आजीविका, इत्यादि सब क्षेत्रों में विश्व की सर्वश्रेष्ठ सुविधाओं की सुपात्र व अधिकारी है. यदि सभी उपलब्ध प्राकृतिक तथा मानवीय संसाधन समस्त जनता के लाभ के लिये उचित ढंग से उपयोग में लाए

जाएं तो सभी भारतवासियों का जीवन–स्तर अत्यंत कम समय में सबको सर्वश्रेष्ठ सुविधाएँ उपलब्ध कराकर लगभग १०० गुना श्रेष्ठतर बनाया जा सकता है. परन्तु ऐसा नहीं किया गया, न किया जा रहा है जिसका स्पष्ट अभिप्राय है अधिकांश जनता को वंचित तथा दबा कर रखना जिससे अधिकतर लोग कठोर व संघर्षपूर्ण जीवन व्यतीत करते हैं और कुछ लोग विलासपूर्ण जीवन का आनंद लेते हैं.

कुछ क्षेत्रों में उल्लेखनीय विकास एवं वृद्धि होने पर भी भारतवर्ष असंतुलित विकास के कारण इस समय विकसित देशों की अपेक्षा अत्यधिक पिछड़ा हुआ है. यह वास्तविकता संयुक्त राष्ट्रसंघ की लगभग १६० देशों की मानवीय विकास सूची में भारत के वर्तमान १३५वें स्थान से विदित होती है.

भारत का स्थान अत्यंत कम समय में १३५ से एक उन्नत, व्यापक, संघटित, सशक्त, असाधारण, प्रगतिशील, नवप्रवर्तनशील, प्रबल एवं सम्पूर्ण, अतः मौलिक रूपान्तरण कार्यक्रम द्वारा शीर्ष १० में लाया जा सकता है. इस मौलिक रूपान्तरण कार्यक्रम से इसमें निर्धारित समय में भारत अन्य पश्चिम यूरोप के विकसित देशों की भांति एक वास्तविक पूर्णतः विकसित देश में रूपान्तरित किया जा सकता है।

मौलिक रूपान्तरण कार्यक्रम लगभग १०० विशाल समाधान व योजनाओं का एक संघटित कार्यक्रम है जो कि सभी क्षेत्रों – अपराध, आजीविका, आधारिक संरचना (इन्फ्रास्ट्रक्चर), ऊर्जा, कृषि, खेलकूद, चिकित्सा, तकनीकी, न्यायपालिका, परिवहन–संसाधन, पर्यावरण, पोषण, मनोरंजन, शिक्षा, संस्कृति, सुरक्षा, स्वास्थ्य, तथा स्वच्छता इत्यादि – को समाविष्ट करता है तथा समाज में व्याप्त सभी बुराइयों व समस्याओं – भ्रष्टाचार, अपराध, कालाधन, निर्धनता, क्षुधा, आजीविका साधनों का अभाव, अशिक्षा, कर–चोरी, कुपोषण, शोषण, किसानों द्वारा आत्महत्या तथा मंहगाई – के सम्पूर्ण उन्मूलन के लिये पूर्ण समाधान प्रदान करता है.

कुछ विचारणीय रोचक तथ्य इस प्रकार हैं–

१. **अविश्वसनीय भारत** वास्तव में **अविश्वसनीय** है क्योंकि यहां पर ऐसी भीषण असमानताएं तथा विरोधाभास हैं जोकि कहीं नहीं हैं. यहां पर अत्यंत अल्प संख्या में लोग अत्यंत धनवान हैं तथा जनसाधारण दयनीय दशा में रहते हुए अल्पपोषित एवं कुपोषित है. भारत केवल ५ से १० प्रतिशत लोगों के लिये **चमक** रहा है, लगभग ६० – ६५ प्रतिशत लोगों के लिये **नहीं चमक** रहा है.

   भारत में विशाल असमानताएं हैं जैसे कि अत्यंत उच्च तथा निम्नतम आय, अत्यंत कम लोगों के लिये सर्वश्रेष्ठ शिक्षा व अधिकांश अनपढ़ लोग, कुछ गिने–चुने लोगों का अत्यधिक उच्च जीवन–स्तर तथा अधिकांश लोग सुख–सुविधारहित तथा मलिनता में रहने को विवश, आदि.

२. अधिकांश भारतीय अत्यंत परिश्रमी हैं परन्तु दुर्भाग्यवश सुख–सुविधारहित निम्नतम स्तर का जीवन व्यतीत करते हैं, यद्यपि भारत में सभी प्राकृतिक एवं मानवीय संसाधन विद्यमान हैं.

   लेबनान के कवि तथा दार्शनिक खलील जिब्रान जिनका नाम कई भारतवासी संभवतः नहीं जानते होंगे जैसे कि कई भारतवासियों ने रबीन्द्रनाथ टैगोर की गीतांजलि नहीं पढ़ी होगी क्योंकि भौतिक जीवन के प्रति हमारी प्राथमिकताओं ने हमें इतना स्वार्थी और कुछ सीमा तक क्रूर बना दिया है कि हम कम–से–कम समय में अधिक–से–अधिक, कभी तो किसी भी माध्यम और ढंग से, पैसा कमाने में इतने अधिक व्यस्त हैं कि हम इस तथ्य, कि भारतवर्ष समस्त संसार में एकमात्र आध्यात्मिक ज्ञान का स्रोत माना जाता है, को भी अनदेखा कर देते हैं और न यह याद रखते हैं तथा न ही पढ़ते हैं कि टैगोर ने या जिब्रान ने क्या कहा, का कहना है "जब आप उद्यम करते हैं तो पृथ्वी के उस स्वप्न को आंशिक रूप से

कार्यरूप में परिणित करते हैं जोकि आप को स्वप्न के जन्म के समय सौंपा गया था. और वास्तव में उद्यम करने का अभिप्राय है कि आप जीवन से प्रेम करते हैं. और उद्यम द्वारा जीवन से प्रेम करने का अर्थ है कि जीवन के अंतरतम रहस्य से घनिष्ठता'', जिब्रान का यह कथन भारत से बढ़कर अन्यत्र कहीं भी अधिक सत्य नहीं है क्योंकि भारतवासियों में उद्यम करने की असीम इच्छा है. भारतवासी अपना गृह, ग्राम, नगर, यहाँ तक कि अपना देश भी कार्य की ढूंढ़ में छोड़कर कठिन परिश्रम करके अपना जीवन श्रेष्ठतर बनाने में प्रयत्नशील रहते हैं.

परन्तु दुर्भाग्यवश, अन्य विकसित देशों की तुलना में जहाँ कि लोग कम कार्य करके सभी संभव सुविधाओं के माध्यम से सुखपूर्ण जीवन व्यतीत करते हैं, भारतवासी अत्यंत कठिन दशाओं में कठोर परिश्रम करते हैं और उनमें से अधिकांश दयनीय दशा में कठिनाइयों से भरा हुआ निम्नतम स्तर का जीवन बिताते हैं.

कुछ दशक पूर्व ब्रिटिश शासकों ने भारतवासियों का शारीरिक श्रमिकों के रूप में गन्ने के खेतों में कार्य करने के लिये या अन्य कार्यों के लिये निर्यात किया. आजकल कार्य में बदलाव हो गया है तथा कार्य करने के लिये शिक्षित सूचना प्रौद्योगिकी संव्यावसायिकों की आवश्यकता होती है जिन्हें सूचना प्रौद्योगिक श्रमिक वर्ग कहा जाता है. विकसित देशों में भारी मात्रा में अल्पमूल्यिक सूचना प्रौद्योगिक श्रमिकों की आवश्यकता है जो कि भारतवर्ष उन्हें उपलब्ध करा रहा है.

यद्यपि इस समय अत्यंत विलम्ब हो चुका है परन्तु कदापि नहीं से विलम्ब श्रेष्ठतर है, इसलिये अभी भी समय है भारतवासियों द्वारा यह निर्णय करने के लिये कि वे स्वयं तथा उनकी भावी पीढ़ियां सदैव शारीरिक श्रमिक एवं सूचना प्रौद्योगिक श्रमिक बने रहना चाहते हैं, और इस प्रकार जो इस अल्पमूल्यिक श्रम का उपयोग करते हैं चाहे वे कुछ मुट्ठी

भर भारतीय हों या अधिक संख्या में विदेशी, उनकी दया से स्वयं को निहाल समझते हुए जीना चाहते हैं अथवा वे यह सब परिवर्तित कर अपने भाग्य के स्वयं विधाता बनना चाहते हैं जो कि अपनी क्षमता को इस प्रकार उन्नत करके किया जा सकता है कि उनकी नवोत्पादिक प्रवीणता का सम्मान हो, ऐसी उच्च प्रवीणता जो कि अल्प मूल्यों तथा अल्प वेतन के कारण भारत तथा विदेशों में धनवान भारतीयों और विदेशियों द्वारा शोषण एवं उपयोग में नहीं लाई जाएगी अपितु जो उनकी नवोत्पादिक, उन्नत तकनीकी नेतृत्व, निपुणता तथा नवीन उत्पादों के कारण उन्हें स्वतः समस्त विश्व में वरिष्ठ, प्रतिष्ठित तथा सम्मानित बनाएगी.

३. भारतवर्ष न केवल प्रतिभा पलायन अपितु समस्त पलायन से पीड़ित है. अत्यधिक उच्च कोटि की व्यावसायिक शिक्षा कुछ चुने हुए लोगों को अधिकांश अनपढ़ तथा अति निर्धन जनता के परिश्रम के बल पर और इस अधिकांश जनता को वंचित रख कर अत्यंत अल्प मूल्य पर उपलब्ध की जाती है. अनेक संव्यावसायिक अपने श्रेष्ठतर भविष्य के लिये देश छोड़कर चले जाते हैं. यह भारत के लिये जनता के धन और शिक्षित संव्यावसायिकों की दोहरी हानि है. फिर भारत विदेशों से सभी प्रकार के उच्च तकनीकी यंत्र, जो कि विदेशों में विदेशी उद्योगों में कार्यरत भारतीयों द्वारा विकसित किये जाते हैं, अत्यधिक उच्च मूल्यों पर खरीदता है क्योंकि यहाँ लगभग किसी उच्च तकनीकी यंत्र का स्वदेशी अनुसन्धान व विकास नहीं किया जाता. यह तीसरी हानि है. अतः समस्त निकास है.

४. भारत एवं भारतवासियों की अधिकांश वास्तविक समस्याओं पर न तो ध्यान दिया जा रहा है और न ही उन पर कोई विचार किया जा रहा है. इस समय सबसे चिंताजनक विषय है भारत में रहने वाले अधिकांश भारतीयों का अति निम्न कोटि का जीवन–स्तर जिसको सशक्त रूप से उत्कृष्ट बनाने

की आवश्यकता है. भारत का संयुक्त राष्ट्रसंघ की मानवीय विकास सूची में वर्तमान स्थान अत्यंत निम्न है जो यहाँ की जनता के निम्न कोटि के जीवन–स्तर को प्रदर्शित करता है. सभी भारतवासी कई गुना श्रेष्ठतर जीवन–स्तर तथा उत्कृष्ट कोटि के जीवन के सुपात्र व अधिकारी हैं जो कि उन्हें मिलना चाहिए.

५. इस समय देश की जनसंख्या वास्तविक समस्या नहीं है क्योंकि भारत एक विशाल देश है, लगभग एक उपमहाद्वीप, अतः यहाँ का जनसंख्या घनत्व (जनसंख्या प्रति वर्ग किलोमीटर) कई विकसित देशों के जनसंख्या घनत्व के बराबर है और कई विकसित देशों का जनसंख्या घनत्व भारत से कई गुना अधिक है. उदाहरण के लिये, भारत का जनसंख्या घनत्व पश्चिमी यूरोप के विकसित देश बेल्जियम के जनसंख्या घनत्व के लगभग बराबर है. सिंगापुर, जो कई विषयों में यूरोप के देशों से भी श्रेष्ठतर है, का जनसंख्या घनत्व भारत की अपेक्षा लगभग २० गुना अधिक है.

६. भारत में अत्यधिक केंद्रीकरण तथा विशाल असमानताएं उपस्थित हैं जिनका निवारण अत्यावश्यक है.

७. विकसित देशों के लिये भारत एक विशाल विक्रय व व्यापार मण्डी तथा अल्पमूल्यिक शारीरिक श्रमिक एवं सूचना प्रौद्योगिक श्रमिक शक्ति है. इस समय धनवान तथा विकसित देश भारत को अपने उत्पादों के लिये विशाल मण्डी और अपने लिये अल्पमूल्यिक श्रमिकों के रूप में देखते हैं. यह उनके लिये अति आनंदमय होगा कि यदि ऐसा आगामी १०० वर्ष, और उसके उपरांत फिर १०० वर्ष इत्यादि तक चलता रहे. यदि भारत की वर्तमान स्थिति में परिवर्तन नहीं किया गया तो लगभग ५ प्रतिशत भारतीय जो अत्यधिक धनवान हैं शेष ९५ प्रतिशत जनता के कठोर परिश्रम का लाभ उठकर परम

धनवान होते जायेंगे जबकि ६५ प्रतिशत जनता अपने कठोर परिश्रम के लाभ से वंचित रहेगी, और इसके साथ ही धनी व विकसित देश अत्यंत लाभान्वित होंगे.

८. केवल मौलिक रूपान्तरण कार्यक्रम से भारतीयों के कठोर परिश्रम का सुफल सभी १०० प्रतिशत भारतवासियों को उनके जीवन–स्तर में सशक्त सुधार करके दिया जा सकता है क्योंकि इस कार्यक्रम द्वारा सम्पूर्ण भारत में समस्त भारतवासियों को आगामी लगभग १०० वर्ष तक स्वतः आश्वस्त आजीविका साधन उपलब्ध होंगे, वर्तमान विशाल असमानताएं समाप्त होंगी, तथा धनी व विकसित देशों के लिये वर्तमान अल्पमूल्यिक शारीरिक श्रमिक एवं सूचना प्रौद्योगिक श्रमिक स्रोत व सभी यंत्रों तथा उपकरणों के आयात के स्थान पर भारत उच्च तकनीकी यंत्रों का निर्यातक बनेगा.

९. भारतवर्ष केवल मौलिक रूपान्तरण कार्यक्रम द्वारा ही एक भीमकाय महाशक्ति बनेगा तथा सभी भारतीय अपने कठोर परिश्रम से लाभान्वित होंगे परन्तु अग्रलिखित तथ्यों द्वारा कदापि नहीं – अल्पमूल्यिक शारीरिक श्रमिक एवं अल्पमूल्यिक सूचना प्रौद्योगिक श्रमिक स्रोत बनकर, या विदेशों में निर्मित उच्च तकनीक के यंत्रों/उपकरणों या भारी उद्योग के अथवा घरेलू प्रयोग के यंत्रों/उपकरणों का आयात करके, या किसी अन्य देश की दया से, या विकसित विदेशों को अल्पमूल्यिक औद्योगिक उत्पादन व निर्माण की सुविधाएँ एवं अल्पमूल्यिक श्रमिक प्रदान करके, या अल्पमूल्यिक सूचना प्रौद्योगिक श्रमिकों के बल पर समस्त विश्व का पृष्ठ–कार्यालय (बैक ऑफिस) बन कर, क्योंकि ये सभी उपाय कदापि अधिकांश भारतवासियों का जीवन–स्तर उत्कृष्ट नहीं बना सकते जिसका मुख्य कारण है कि इन उपायों से अधिकांश भारतीय अपने समस्त जीवनकाल में सदैव अल्प आय ग्रहण करते रहेंगे और उनकी

भावी पीढ़ियां भी इसी प्रकार से जीवन व्यतीत करती रहेंगी. वस्तुतः ये सभी उपाय उन आवश्यक उपायों के प्रतिकूल एवं विरुद्ध हैं जिनका वर्णन मौलिक रूपान्तरण कार्यक्रम के अंतर्गत अग्रिम अध्यायों में विस्तारपूर्वक किया गया है.

२

विश्लेषण

भारतवर्ष की सफल 'समस्त धन, समृद्धि तथा प्रतिभा की सम्पूर्ण निकास एवं पलायन प्रणाली'

भारतवर्ष एक सफल 'समस्त धन, समृद्धि तथा प्रतिभा की सम्पूर्ण निकास एवं पलायन प्रणाली' से पीड़ित है जिसके परिणामस्वरूप भारतवासियों को उनके कठोर परिश्रम के फल का विकसित देशों में संपूर्ण निकास कर भारतवासियों को इस फल से पूर्णतः वंचित रखा जाता है.

भारतवर्ष प्राकृतिक सम्पदा एवं प्रतिभावान व्यक्तियों से परिपूर्ण है और इन दोनों को ही अत्यधिक सफलतापूर्वक विकसित देशों के निवासियों की और अधिक उन्नति एवं उनकी समृद्धि में महत्वपूर्ण बढ़ोत्तरी के लिये उपयोग में लाया जा रहा है.

निम्नलिखित वास्तविकताओं से ज्ञात होता है कि कैसे विदेशी भारतवासियों के कठोर परिश्रम का लाभ उठाते हैं तथा कैसे अधिकांश भारतवासी स्वयं जीवन के प्रत्येक क्षेत्र में – शिक्षा, चिकित्सा, स्वास्थ्य, पोषण, यातायात, सुरक्षा, क्रीड़ा, संस्कृति, मनोरंजन, वातावरण आदि की उच्च कोटि की सुविधाओं से वंचित रहकर निम्न कोटि का जीवन व्यतीत करने के लिये विवश हैं.

१. भारत से निरन्तर निम्नलिखित वस्तुओं का अत्यधिक अल्प मूल्यों पर निर्यात किया जाता हैः –

- – कच्ची धातुएं
- – फल, मसाले, मेवे
- – अत्यंत निम्न आय के व्यक्तियों द्वारा तैयार किए गए वस्त्र
- – अति निम्न आय के व्यक्तियों द्वारा बनाए गए हीरों के आभूषण
- – अन्य निम्न आय के व्यक्तियों द्वारा निर्मित अन्य वस्तुएं
- – पशुओं का मांस (भारतवर्ष विश्व का एक सबसे बड़ा पशु मांस का निर्यातक है!)

देश की प्राकृतिक सम्पदा का अत्यल्प मूल्यों पर निर्यात देश की सम्पत्ति को व्यर्थ गंवाना है तथा अत्यंत निम्न आय के व्यक्तियों द्वारा निर्मित वस्तुओं का निर्यात उन व्यक्तियों के जीवन–स्तर को सदैव अति निम्न श्रेणी का रखेगा क्योंकि उनकी आय अत्यंत कम है.

२. अत्यधिक उच्च कोटि की शिक्षा कुछ चुने हुए लोगों को अत्यल्प मूल्य पर उपलब्ध की जाती है। इस उच्च कोटि की अल्पमूल्यिक शिक्षा के लिये धन भवन एवं सड़क निर्माण में लगे श्रमिकों, शिक्षा–संस्थानों के कर्मचारियों, अध्यापकों, कृषकों, घरों की सफाई तथा अन्य घरेलू कार्यों में सहायता करने वाले लोगों को अत्यधिक अल्प आय देकर एकत्र किया जाता है. यूरोप में एक अभियंता को बनाने का खर्चा लगभग ६ करोड़ रुपए है। अधिकांश प्रशिक्षित अभियंता तथा चिकित्सक भारत छोड़ कर विकसित देशों में कार्य करने और रहने के लिये चले जाते हैं और विकसित देशों को बिना कोई प्रयत्न एवं खर्च किए हुए निःशुल्क बने–बनाए अभियंता तथा चिकित्सक

मिल जाते हैं। इस प्रकार विकसित देशों का न तो केवल अभियंता तथा चिकित्सक बनाने का धन बचता है अपितु उन्हें दोहरा लाभ होता है क्योंकि उन्हें ये निःशुल्क मिल जाते हैं. यदि विगत ५० वर्ष में ५० लाख शिक्षित भारतीय विदेशों में कार्य करने के लिये वहां बस गए हैं तो इसका मूल्य है लगभग ३०० लाख करोड़ (३ हज़ार खरब) रुपये.

फलस्वरूप भारत का उच्च–शिक्षित नागरिकों पर लगाया गया सारा धन व्यर्थ हो कर विकसित देशों के उपयोग में आता है. स्पष्ट है कि प्रशिक्षित अभियंता तथा चिकित्सकों का भारत छोड़ कर चला जाना तो भारत की हानि है ही.

३. मध्यम श्रेणी के श्रमिक भारत छोड़ कर सिंगापुर, अरब एवं अफ्रीकी देशों में काम करने के लिये चले जाते हैं. ये असुरक्षित श्रमिक इन धनी देशों के सामान्य मापदंड के विपरीत वहाँ अत्यधिक कम वेतन पाते हैं तथा वे वहाँ अत्यधिक अल्प आय पर कठिन परिस्थितियों में कठोर परिश्रम कर वहाँ के नागरिकों के जीवन–स्तर को उच्च श्रेणी का बनाने और बनाए रखने के लिये कार्य करते हैं.

   इस प्रकार अल्प आय पर कार्य करने वाले भारतीयों के कठोर परिश्रम के फलस्वरूप विदेशों में विदेशियों का जीवन उच्च कोटि का बनता है.

४. पिछले कुछ वर्षों से भारतीय व्यावसायिक उद्योगपतियों द्वारा विकसित देशों को अल्पमूल्यिक सॉफ्टवेयर सेवाएं प्रदान की जाती हैं. इन उद्योगों के लिये भव्य भवन, सड़कें बनाने, इत्यादि एवं अन्य कार्यों के लिये अत्यधिक अल्प आय के श्रमिकों का उपयोग किया जाता है. ये भारतीय उद्योग अपने अल्प आय के कर्मचारियों के कठोर परिश्रम के फलस्वरूप अत्यधिक लाभ कमाते हैं और फिर उस लाभ से विकसित विदेशों में अन्य उद्योग खरीदते हैं.

अल्प आय के कर्मचारियों का सारा धन इस तरह दो प्रकार से विदेशियों का जीवन श्रेष्ठतर बनाता है – प्रथम, विदेशियों को अल्पमूल्यिक सेवायें प्रदान करके जो कि कर्मचारियों की आय अति निम्न रख कर उपलब्ध की गईं तथा द्वितीय, उन देशों की आर्थिक व्यवस्था को सुदृढ़ बनाकर जहाँ पर भारतीय उद्योगपतियों ने विदेशी उद्योग खरीदे क्योंकि वे खरीदे हुए उद्योग स्थानीय व्यक्तियों को कार्य उपलब्ध कराते हैं.

५. विशाल भारतीय उद्योगपति अपने उद्योगों, जैसे कि चाय की पत्तियां इकट्ठी करने के उद्योग, में अति निम्न आय के श्रमिकों से काम लेकर अत्यन्त लाभ कमाते हैं. उन श्रमिकों की दशा एवं स्थिति में पिछले ५०–६० वर्षों में कोई परिवर्तन नहीं हुआ होगा क्योंकि उनकी आय आज भी उतनी ही कम होगी जितनी कि ५०–६० वर्ष पहले थी, परन्तु उनके मालिकों ने विकसित देशों में विशाल उद्योग खरीद लिये हैं.

इस प्रकार अत्यधिक अल्प आय के श्रमिकों के कठोर परिश्रम के फलस्वरूप कमाए गये लाभ का धन विदेशों में भारतीय उद्योगपतियों द्वारा खरीदे गये उद्योगों में कार्यरत विदेशियों के हित में प्रयुक्त किया जाता है.

६. कुछ भ्रष्ट भारतीयों द्वारा एकत्र किया हुआ काला धन स्विट्जरलैन्ड या अन्य देशों के मुद्राकोषों में जमा हो कर विकसित देशों की आर्थिक अवस्था को और अधिक श्रेष्ठतर बनाने और वहाँ रहने वाले विदेशियों के हित में लगाया जाता है.

इस प्रकार भारतीयों के कठोर परिश्रम का धन, जो कि रिश्वत के रूप में भ्रष्ट व्यक्तियों द्वारा विदेशी मुद्राकोषों में जमा किया गया, विकसित देशों की आर्थिक गतिविधियों में लगकर वहाँ के निवासियों का जीवन श्रेष्ठतर बनाने के लिये काम में लाया जाता है.

७. विकसित देश भारत से अत्यल्प मूल्यों पर कच्ची धातुएं आयात कर उन धातुओं से भारत में निर्धन और वंचित जनता के पैसे से शिक्षित और वहाँ निःशुल्क दान में आए हुए भारतीय अभियंता की सहायता से विशाल, जटिल एवं आधुनिक यन्त्र बनाते हैं जो कि भारत उन से अत्यधिक उच्च मूल्यों पर खरीदता है.

   इस प्रक्रिया में भारत को चार प्रकार से भयंकर हानि होती है। सर्वप्रथम, कच्ची धातु सम्पदा को अल्प मूल्यों पर बेच कर, द्वितीय, निर्धन और वंचित जनता के पैसे से शिक्षित अभियंता को विदेशों में जाने दे कर उस पैसे को खो देना, तृतीय, उन प्रशिक्षित अभियंता का विकसित देशों को निःशुल्क दान, एवं चतुर्थ, विदेशों में बने यन्त्र अत्युच्च मूल्यों पर खरीद कर जो कि भारत से खरीदी गई अल्पमूल्यिक कच्ची धातुओं से और निःशुल्क प्राप्त भारतीय अभियंता द्वारा बनाये गये.

८. भारतवर्ष में बहुराष्ट्रीय उद्योग अल्पमूल्यिक अभियंता एवं श्रमिकों से काम ले कर भारी लाभ कमाते हैं.

   इस प्रकार भारतवासियों के कठोर परिश्रम के फलस्वरूप कमाया हुआ लाभ विदेशी उद्योगों के मालिकों, हिस्सेदारों और विदेशी सरकारों, नागरिकों के काम आता है.

सारांश यह है कि उस भारतीय धन का, जिस पर कठोर परिश्रम करने वाले भारतीयों का अधिकार है परन्तु वह उन्हें नहीं मिला, विकसित देश निम्नलिखित ढंग से लाभ उठाते हैं:

१. भारतीय भ्रष्टाचार के फलस्वरूप प्राप्त धन को उद्योगों और विकास कार्यों में लगाकर

२. भारतीय उद्योगपतियों, जिन्होंने अपने भारतीय उद्योगों में कठिन परिश्रम करने वाले भारतीयों को अति अल्प आय देकर किये गये अत्यधिक एकत्रित धन से विदेशों में विदेशी उद्योगों को खरीदा, द्वारा निवेशित धन का लाभ उठाकर

३. निम्नलिखित ढंग से अपना धन बचाकरः

- भारत से अल्पमूल्यिक कच्चा माल खरीद कर
- भारत से शिक्षित एवं अनुभवी व्यक्तियों, जिन्होंने अति अल्प आय के श्रमिकों के बल पर उच्च शिक्षा प्राप्त की, का निःशुल्क आयात कर
- भारत से अति निम्न आय के श्रमिकों का आयात कर एवं उनसे निम्न आय पर कठोर परिश्रम का कार्य लेकर

४. भारतीय व्यावसायिक सेवा उद्योगों, जोकि भारत में कार्य करनेवालों को निम्न आय देते हैं, द्वारा प्रदान की गई अल्पमूल्यिक सेवाओं का लाभ उठाकर

५. भारत को अत्युच्च दामों पर ऐसे यन्त्र बेचने से अत्यधिक लाभ कमाकर जोकि ऐसे भारतीयों द्वारा विकसित किये एवं बनाए गये जो

- या तो उन्हें निःशुल्क मिले
- या उन्हें भारतीय सेवा उद्योगों द्वारा अल्प मूल्य पर मिले
- या उन्होंने भारत में अपने उद्योगों की शाखाएं खोलकर निम्न आय देकर काम पर लगाये

उपर्युक्त तथ्यों से यह स्पष्ट होता है कि भारत में 'समस्त धन, समृद्धि तथा प्रतिभा की सम्पूर्ण निकास एवं पलायन प्रणाली' कितनी सफलता से कार्यान्वित है. इसके फलस्वरूप अधिकांश भारतीय जनता निर्धनता, क्षुधा और अभावों से भरा हुआ अत्यन्त निम्न कोटि का जीवन व्यतीत करती है जब कि उसके कठोर परिश्रम का सुफल विकसित देशों को पहुँचता है. 'समस्त धन, समृद्धि तथा प्रतिभा की सम्पूर्ण निकास एवं पलायन प्रणाली' से सुनिश्चित ही उत्तम सुविधायें समस्त भारतीयों को नहीं अपितु केवल कुछ गिने–चुने भारतवासियों को ही मिलती हैं.

परिणामस्वरूप हमारे प्रिय भारत का स्थान है

- संयुक्त राष्ट्रसंघ की (१६० देशों की) मानवीय विकास २०१४ सूची में १३५वाँ (जितना अधिक अंक, उतनी बुरी स्थिति)
- भूमण्डलीय (२०० देशों में ७६ निकृष्टतम देशों की) क्षुधा २०१४ सूची में ५५वाँ (जितना अधिक अंक, उतनी बुरी स्थिति)
- स्वच्छ वातावरण की (१७८ देशों की) २०१४ सूची में १५५वाँ (जितना अधिक अंक, उतनी बुरी स्थिति)
- भ्रष्ट (१७७ देशों की) देश २०१३ सूची में ६४वाँ (जितना अधिक अंक, उतनी बुरी स्थिति)
- शिशु मृत्यु दर (२२१ देशों की) २०१२ सूची में ५०वाँ (जितना कम अंक, उतनी बुरी स्थिति)
- भूमण्डलीय शांति (१५७ देशों की) २०१४ सूची में १४४वाँ (जितना अधिक अंक, उतनी बुरी स्थिति)
- विश्व स्वास्थ्य संगठन/यूनिसेफ की शौचालय अनुपस्थिति तथा खुले में मल–त्याग करने वाले लोगों – ६३ करोड़ भारतीय – २०१२ सूची में सर्वप्रथम (जितना कम अंक, उतनी बुरी स्थिति).

इसके विपरीत, विकसित देशों के नागरिकों का जीवन–स्तर अत्युत्तम है क्योंकि भारतवासी उनके उच्च जीवन–स्तर की बेहतरी और उनकी समृद्धि की बढ़ोत्तरी में निरंतर कार्यरत हैं.

हमें इस 'समस्त धन, समृद्धि तथा प्रतिभा की सम्पूर्ण निकास एवं पलायन प्रणाली' को मौलिक रूपान्तरण कार्यक्रम द्वारा पूर्णतः बदलना होगा जिस से जनता के परिश्रम का पूर्ण फल उसे मिले तथा जिस से समस्त भारतवासियों का जीवन–स्तर अत्युत्तम हो.

३

सांकल्पिक दृष्टिकोण

सांकल्पिक दृष्टिकोण

अग्रलिखित कथन एक अत्यंत सरल विचार प्रतीत हो सकता है परन्तु वास्तव में यह अत्यंत प्रभावशाली है. यदि भारत की सभी सामयिक समस्याओं को मिश्रित कर उनका सत्त्व निकाल कर निचोड़ स्वरूप केवल एक समस्या निकाल ली जाये और तदुपरान्त उस एक समस्या का समाधान प्रस्तुत किया जाये तो उससे सभी समस्याओं का समाधान हो सकता है. भारत की ऐसी एक समस्या जो कि मापी भी जा सकती है, वह है अधिकांश भारतवासियों के निम्न–कोटि का जीवन–स्तर तथा इसका आंकलन संयुक्त राष्ट्रसंघ की मानवीय विकास सूची में अंकित स्थान द्वारा किया जाता है. भारत के लिये यह स्थान १६० देशों की सूची में इस समय अति निम्न १३५ है. इसलिये सांकल्पिक दृष्टिकोण की पृष्ठभूमि है संयुक्त राष्ट्रसंघ की मानवीय विकास सूची में भारत का स्थान सशक्त रूप से ऊँचा उठाने के लिये अधिकांश भारतवासियों का जीवन–स्तर अत्यधिक श्रेष्ठतर बनाना. इस प्रकारः

सांकल्पिक दृष्टिकोण है १०० प्रतिशत भारतीय जनता का जीवन–स्तर लगभग १०० गुना श्रेष्ठतर बना कर संयुक्त राष्ट्रसंघ की मानवीय विकास सूची में भारत का स्थान वर्तमान १३५वें से अग्रसर करा कर ५ से ८ वर्ष में शीर्ष १० में प्रस्थापित करना जो कि उन्नत, व्यापक, संघटित, सशक्त, असाधारण, प्रगतिशील, नवप्रवर्तनशील, प्रबल एवं सम्पूर्ण, अतः मौलिक रूपान्तरण कार्यक्रम द्वारा प्राप्त किया जायेगा.

४

मान्यताएं

मौलिक रूपान्तरण कार्यक्रम की मान्यताएं

रूपान्तरण कार्यक्रम सम्पूर्ण भारत की समस्त जनता तथा सभी स्तरों – राष्ट्रीय, प्रादेशिक, नगरीय तथा ग्रामीण – के लिये, निम्नलिखित मान्यताओं पर आधारित तथा उनका प्रोत्साहक है.

सच्चा स्वराज्य एवं लोकतन्त्र

कार्यक्रम देश के प्रत्येक नागरिक की शक्ति और प्रत्येक नागरिक को शक्ति प्रदान करने में विश्वास रखता हैं तथा इसको प्रोत्साहित करता है. यह केवल नागरिक ही निश्चित कर सकते हैं कि उनके हित के लिये सबसे अच्छा क्या है. समस्त देशवासी प्रत्येक शनिवार और रविवार को अपने चुने हुए प्रतिनिधियों के साथ जनसभाओं में उन प्रतिनिधियों के कार्यों का निरीक्षण करेंगे तथा उन्हें उनके कार्यों के लिये दिशा–निर्देशन देंगे.

समानता

कार्यक्रम बिना किसी जाति या धर्म के आधार पर, समस्त जनता के लिये संतुलित तथा समान विकास में संपूर्ण विश्वास रखते हुए इन्हीं तथ्यों के लिये प्रतिबद्ध है.

उत्तरदायित्व

कार्यक्रम उत्तरदायित्व में पूर्ण विश्वास पर आधारित है. चुने हुए जन–प्रतिनिधियों का यह कर्तव्य होता है कि वे जनता के लिये उत्तरदायित्व से काम करें. जन–प्रतिनिधि जनता द्वारा चुने हुए सेवक मात्र होते हैं, न कि शासक. (वे लोकतंत्र की प्रक्रिया में उद्यान के ''माली'' के समान होते हैं न कि उद्यान के ''मालिक''). इसलिये वास्तव में जनता ही शासक होती है और जन–प्रतिनिधियों का यह उत्तरदायित्व होता है कि वे जनता द्वारा दिए गए दिशा–निर्देशों का पालन करते हुए कार्य करें.

सम्मान और सहानुभूति

कार्यक्रम देश के सब नागरिकों का सम्मान करते हुए तथा समाज के वंचित वर्ग के लोगों के प्रति अत्यंत सहानुभूति रखते हुए प्रत्येक नागरिक, विशेषतः ७० प्रतिशत अल्प आय वर्ग के लोगों का जीवन–स्तर सशक्त ढंग से उच्चतर बनाने के लिये उपयुक्त एवं प्रतिबद्ध है.

नवोत्पादिक प्रवीणता

कार्यक्रम इस तथ्य में पूर्ण विश्वास पर आधारित है कि नवीन पद्धतियों को अपनाने से हमारे देश की जनता का जीवन–स्तर ऊँचा किया जा सकता है. यह अभी तक के जन–प्रतिनिधियों द्वारा प्रयोग में लाये गए सभी घिसे–पिटे तथा अप्रचलित पद्धतियों को पूरी तरह से हटा कर नवीन और प्रभावशाली प्रणालियों तथा कार्यक्रमों के द्वारा जनहित व जन–कल्याण के कार्यों को पूरा करेगा.

श्रेष्ठता एवं उत्तमता

कार्यक्रम उच्च कोटि के जीवन–स्तर तथा कार्यशैली पर ही आधारित है और इसलिये इस दिशा में पूर्णरूप से प्रतिबद्ध है कि हमारे देश के सौ–प्रतिशत नागरिकों के सुख–सुविधा संपन्न जीवन के लिये उनको विश्व की सर्वश्रेष्ठ सुविधाएं उपलब्ध करायी जाएं.

५

विशेषताएं

मौलिक रूपान्तरण कार्यक्रम की विशेषताएं

मौलिक रूपान्तरण कार्यक्रम की निम्नलिखित विशेषताएं हैं:

१. यह कार्यक्रम उन्नत, व्यापक, संघटित, सशक्त, असाधारण, प्रगतिशील, नवप्रवर्तनशील, प्रबल एवं सम्पूर्ण, अतः मौलिक स्वरूप का है.

२. यदि इस कार्यक्रम को सावधानीपूर्वक एवं उचित ढंग से क्रियान्वित किया जाए तो भारत में आगामी २ से ५ वर्ष में कार्य कि लिये लगभग १४ करोड़ आजीविका साधन सुयोग उपलब्ध होंगे.

३. इस कार्यक्रम की योजनाओं को क्रियान्वित करने से लगभग ५ से ८ वर्ष में भारतवर्ष के प्रत्येक नागरिक का जीवन–स्तर वर्तमान जीवन–स्तर से सौ गुना श्रेष्ठतर हो जाएगा जिससे कि संयुक्त राष्ट्रसंघ की जीवन–स्तर की तालिका में हमारे देश का स्थान वर्तमान १३५वें से अग्रसर होकर शीर्ष १० देशों में प्रस्थापित हो सकेगा. इस उन्नति से प्रत्येक नागरिक को समानता से जीवन जीने का अधिकार भी प्राप्त हो जाएगा.

४. यह कार्यक्रम व्यापक, संपूर्ण तथा सुगठित है जिससे संतुलित, सुनियोजित तथा दीर्घकालिक विकास के लक्ष्य को प्राप्त किया जा सके.

५. इसमें भ्रष्टाचार, अपराध, कालाधन, गरीबी, क्षुधा, आजीविका साधनों का अभाव, अशिक्षा, कर–चोरी, कुपोषण, शोषण, किसानों द्वारा आत्महत्या तथा महंगाई के पूर्ण उन्मूलन के समस्त उपाय तथा सम्पूर्ण समाधान हैं.

६. इस में प्रत्येक क्षेत्र जैसे कि कृषि, अपराध, संस्कृति, रक्षा, शिक्षा, आजीविका, ऊर्जा, मनोरंजन, पर्यावरण, न्यायपालिका, स्वास्थ्य, चिकित्सा–पद्धति, आधारिक संरचना (इन्फ्रास्ट्रक्चर), पोषण, स्वच्छता, सुरक्षा–तंत्र, खेलकूद, तकनीकी तथा परिवहन–संसाधनों के प्रत्येक पक्ष को उचित स्थान दिया गया है.

७. यह बिना किसी पृष्ठभूमि, शिक्षा, धर्म या जाति के आधार पर भेद किए हुए प्रत्येक नागरिक को समान और संपूर्ण अधिकार देने के लिये तथा उनके विशेष कल्याण तथा हित के लिये बनाया गया है.

८. इस में भारत की शत–प्रतिशत जनता के लिये प्रत्येक क्षेत्र में सभी सर्वश्रेष्ठ सुविधाएं उपलब्ध करने के प्रावधान हैं.

९. इस में भारत के ७० प्रतिशत अशक्त वर्ग, जिनमें अल्प–वेतन पाने वाले लोग, आर्थिक रूप से पिछड़े हुए लोग, महिलाएं, किसान तथा ग्रामीण–क्षेत्र के निवासी, दलित, आदिवासी, इत्यादि सम्मिलित हैं, पर विशेष ध्यान दिया गया है.

१०. इस में सुयोजित ढंग से संतुलित विकास और उसका लाभ भारतवर्ष की समस्त जनता तक पहुँचाने का प्रावधान किया गया है.

११. इस में अनेक ऐसी उत्कृष्ट विशेषताएं हैं जोकि आज पश्चिमी यूरोप के विकसित देशों में भी नहीं पायी जाती हैं जैसेकि उच्च–कोटि की स्वास्थ्य सुविधाएं, काले–धन की समाप्ति, कर–चोरी रोकने तथा अपराधों पर अंकुश लगाने के लिये योजनाएं.

१२. इस कार्यक्रम की सब योजनाएं विकसित पश्चिमी यूरोपीय देशों में पहले से ही सिद्ध, क्रियान्वित और प्रमाणित प्रतिरूप की कार्यशैलियों पर आधारित हैं, जो न केवल इन देशों में क्रियान्वित योजनाओं में स्थापित हैं, बल्कि उनसे भी कहीं आगे बढ़कर हैं और पूरी तरह से व्यावहारिक हैं.

१३. कार्यक्रम की योजनाओं में देश की व्यवस्थाओं तथा कार्यशैलियों को श्रेष्ठतर करने के लिये नवीन प्रक्रियाएं तथा प्रणालियां समन्वित करने के लिये पूर्ण व्यवस्था है.

१४. इन योजनाओं में उच्च–स्तर के शोध और अनुसंधान, श्रेष्ठतर अनवरत विकास की प्रक्रियाएं तथा अत्याधुनिक औद्योगिक उत्पादन–कार्य की सुविधाएं भी सम्मिलित हैं.

१५. इस कार्यक्रम में कठोर निरीक्षण के अंतर्गत अनुशासनबद्ध, श्रेष्ठतम शासन–प्रणाली को लागू करने की योजनाएं उपलब्ध हैं.

१६. इस कार्यक्रम का लक्ष्य है कि हम भारत की संस्कृति, पारिवारिक तथा सामाजिक मूल्यों को ध्यान में रखते हुए, दूसरे देशों की अच्छी बातों और वहाँ की सफल, कुशल योजनाओं से सीखते हुए तथा सर्वश्रेष्ठ उपायों का प्रयोग करते हुए, अपनी सर्वोत्तम योजनाओं को क्रियान्वित करते हुए उन्नति के पथ पर आगे बढ़ें, जैसे कि –

- अमेरिका तथा पश्चिमी यूरोपीय देशों में उपस्थित उच्च–शिक्षा प्रणाली, उच्च–तकनीक एवं अन्य मूलभूत सुविधाओं की पद्धति को अपनाकर
- सिंगापुर में स्थापित प्रशासन–व्यवस्था, प्रणालियां तथा स्वच्छ रहन–सहन के ढंग को अपनाकर
- पश्चिमी यूरोप में लागू आदर्श सामाजिक कल्याणकारी योजनाओं को अपनाकर

- चीन के उच्च–तकनीक वाले क्षेत्रों के विकास के लिये राष्ट्र प्रेम से भरे हुए उत्साह को अपनाकर
- अमेरिका में उपलब्ध सब के लिये एक समान तथा त्वरित न्यायिक कार्यवाही वाली न्याय–प्रणाली को अपनाकर
- जर्मनी तथा जापान में निर्मित उच्च–कोटि के उपकरण एवं यंत्र उत्पादन की तरह अपने देश में ही उच्च कोटि के यंत्र तथा उपकरण विकसित एवं उत्पादित करने की योजनाओं को अपनाकर

१७. कार्यक्रम में ऐसा कुछ भी नहीं है जो असम्भव हो. संपूर्ण कार्यक्रम १०० प्रतिशत, पूर्णरूप से साध्य तथा कार्यान्वियन योग्य है.

१८. प्रशिक्षण

भारतवर्ष में कई निर्वाचित प्रतिनिधि प्रबंधन संव्यावसायिक नहीं हैं. उनमें प्रबंधन कुशलता तथा नेतृत्व के गुण लगभग अनुपस्थित हैं. फलस्वरूप भारत में अत्यंत कुप्रबंध, अपर्याप्त प्रबंध एवं अनुपस्थित प्रबंध है जिसका परिणाम है असंतुलित विकास/उन्नति. भारतवर्ष, जोकि अत्यंत जटिल समस्यायों, परिस्थितियों तथा आवश्यकतायों से ग्रसित है, में ऐसे सुप्रशिक्षित नेताओं की आवश्यकता है जोकि संव्यावसायिक ढंग से सफलतापूर्वक संतुलित विकास का आयोजन कर सकें.

मौलिक रूपान्तरण कार्यक्रम को कार्यान्वित करने के लिये भारतीय वातावरण तथा परिस्थितियों को ध्यान में रखते हुए विश्व में व्याप्त वर्तमान सार्वभौमिक स्थिति के अनुसार भारतीय राजनीतिक नेताओं के लिये एक गहन, उन्नत राजनीतिक नेतृत्व के अध्ययन पाठ्यक्रम की आवश्यकता है. ऐसा "उन्नत राजनीतिक नेतृत्व का गहन अध्ययन पाठ्यक्रम" भारत के सभी राजनीतिक नेताओं के लिये अनुकूल तथा अपेक्षित है.

इससे भारतीय राजनीतिक नेताओं को कुशल नेता बनाने की दिशा में प्रशिक्षित किया जा सकता है जिससे उन्हें इस तथ्य का ज्ञान हो कि वे कितना भव्य कार्य किस तरह सुव्यवस्थित तथा सुयोजित ढंग से कर सकते हैं और उन्हें कितनी कुशलता से करना चाहिए.

जैसेकि पहले इस तथ्य की चर्चा की गई है कि भारतवर्ष का स्थान संयुक्त राष्ट्रसंघ की मानवीय विकास सूची में वर्तमान १३५ से शीर्ष के १० देशों में मौलिक रूपान्तरण कार्यक्रम को कार्यान्वित कर के अति शीघ्र प्रतिस्थापित किया जा सकता है. इस मौलिक रूपान्तरण कार्यक्रम से कार्यक्रम में निर्धारित समयावधि के अनुसार भारत को पूर्णतया रूपान्तरित कर किसी भी विकसित पश्चिमी योरोपीय देश के समकक्ष वास्तविक रूप से विकसित देश बनाया जा सकता है.

इस मौलिक रूपान्तरण कार्यक्रम को कार्यान्वित करने के लिये यह अत्यावश्यक है कि वर्तमान तथा भावी आकांक्षी निर्वाचित जन प्रतिनिधि इस कार्यक्रम में निहित विषयों तथा उन के महत्त्व को उचित रूप से समझने के लिये प्रशिक्षित हों जिसके द्वारा वे इस कार्यक्रम के क्रियान्वयन में अपने कुशल नेतृत्व तथा दायित्व की भूमिका को उचित ढंग से निभा सकें.

इस "उन्नत राजनीतिक नेतृत्व का गहन अध्ययन पाठ्यक्रम" की मूल विषय सूची इस प्रकार है –

क. भारतवर्ष से सम्बंधित राजनीतिक परिस्थितियां तथा विषय

ख. भारत की लगभग १२० करोड़ जनता का जीवन–स्तर ५ से ८ वर्ष में १०० गुना श्रेष्ठतर बनाने के लिये मौलिक रूपान्तरण कार्यक्रम

ग. इस रूपान्तरण कार्यक्रम की क्रियान्वयन कूटनीति

उपर्युक्त लिखित विषय निम्नलिखित ढंग से प्रस्तुत किये जा सकते हैं –

क. राजनीतिक विषय

- विश्लेषण
- सांकल्पिक दृष्टिकोण
- मान्यताएं
- व्यक्ति समूह विशेषताएं
- मूलभूत नीतियाँ

ख. रूपान्तरण कार्यक्रम

- विशेषताएं
- सर्वोच्च प्राथमिकता के क्षेत्र
- मुख्य राष्ट्रीय लक्ष्य
- परम राष्ट्रीय लक्ष्य
- कार्यान्वयन कूटनीति विवरण
- मूलभूत कूटनीतिक रूपरेखा
- मुख्य विशाल प्रकल्पों की सूची
- कार्यान्वयन कूटनीति प्रतिरूप तथा सूत्र
- मुख्य प्रणालियां, उप–प्रणालियां व कार्यक्रम
- नियत कार्य सूची

६

सर्वोच्च प्राथमिकता के क्षेत्र

मौलिक रूपान्तरण कार्यक्रम के सर्वोच्च प्राथमिकता के क्षेत्र

सम्पूर्ण भारत की समस्त जनता के लिये मौलिक रूपान्तरण कार्यक्रम में निहित सर्वोच्च प्राथमिकता के क्षेत्र निम्नलिखित हैं.

क. जीवन की मूलभूत आवश्यकताएं

स्वच्छतापूर्ण उच्च–स्तरीय रहन–सहन

१. श्रेष्ठतर आवास योजना – देश के प्रत्येक नागरिक के लिये अत्याधुनिक आवासगृहों का निर्माण व उपलब्धि जिनमें २४ घंटे जल, विद्युत, रसोई–गैस, शौचालय तथा पक्की सड़कों से जुड़े होने की व्यवस्था

२. स्वच्छता तथा रोग–मुक्त वातावरण – प्रभावशाली ढंग से कूड़े तथा गंदगी का व्यवस्थित प्रबंध तथा प्रदूषण–मुक्त वातावरण

३. निर्धनता तथा क्षुधा से मुक्ति – भारत की ७५ प्रतिशत जनसंख्या, जो अत्यधिक निर्धन है, को श्रेष्ठतर शिक्षा तथा आजीविका साधन के सुयोग प्रदान करके उनके जीवन–स्तर में सार्थक ढंग से उत्थान तथा समस्त जनता के लिये सर्वत्र

उच्चकोटि एवं उचित मूल्य के विक्रय केन्द्रों एवं भोजनालयों की स्थापना

४. महंगाई पर नियंत्रण – आहार, दैनिक आवश्यकता की वस्तुएं, उच्च–कोटि की शिक्षा, यातायात के साधन, पेट्रोल, डीजल और गैस आदि वस्तुओं के मूल्यों पर नियंत्रण

५. अत्यंत निम्न (लगभग शून्य) मुद्रास्फीति

६. बिना किसी जाति या धर्म का भेदभाव किए देश के समस्त नागरिकों के लिये समानता, पूर्ण न्याय तथा अत्याधुनिक सुविधाओं का आयोजन

७. ग्रामीण क्षेत्रों का विकास – ग्रामों, कस्बों तथा छोटे शहरों में श्रेष्ठतर शिक्षा, स्वास्थ्य, खेलकूद, कृषि उत्पादन, मनोरंजन, आजीविका साधन, सुरक्षा, सांस्कृतिक कार्यक्रम, यातायात तथा परिवहन के लिये उत्तम सड़कों एवं सब श्रेष्ठ सुविधाओं की उपलब्धता, महानगरों की प्रत्येक सुविधा को दूर–दूर के क्षेत्रों में फैलाकर महानगरों का विकेंद्रीकरण

८. शिशु कुपोषण समाप्ति – नवजात शिशुओं तथा माँओं के स्वास्थ्य तथा कल्याण के लिये विशेष योजनाओं का आयोजन

९. खाद्य–सामग्री में मिलावट की पूर्ण समाप्ति – खाद्य–सामग्री में मिलावट की घटनाओं की पूर्ण रूप से समाप्ति करने के लिये कठोर कानून, निरीक्षण, नियंत्रण तथा कड़े दंड की व्यवस्था

१०. स्वास्थ्य–सेवाएं – प्रत्येक नागरिक के लिये उच्चतम स्वास्थ्य सुविधाओं की उपलब्धता, टीबी, मलेरिया, दमा, कोढ़ जैसे रोगों का पूर्ण उन्मूलन, ५५ वर्ष से ऊपर के प्रत्येक व्यक्ति की विशेष घर बैठे निःशुल्क स्वास्थ्य निरीक्षण की उपलब्धता (जो यूरोप के देशों में भी उपलब्ध नहीं है)

११. बाल–श्रम की पूर्ण समाप्ति

१२. खेलकूद तथा सांस्कृतिक गतिविधियों के विकास के लिये उच्चतम–स्तर की सुविधाएँ

१३. सम्पूर्ण देश में प्रचुर मात्रा में अति स्वच्छ सार्वजनिक शौचालयों का निर्माण

ख. जीवन भरण–पोषण तथा निरंतरता की आवश्यकतायें

१. आजीविका साधन – शिक्षा–व्यवस्था, औद्योगिक तथा अनुसंधान केंद्रों द्वारा प्रत्येक व्यक्ति को संपूर्ण आजीविका साधन की उपलब्धि, नये उन्नतिशील तथा उच्च–तकनीक से बने उत्पादों का देश में विकास जिससे कि देश की वर्तमान अर्थव्यवस्था को ८–१० प्रतिशत से बढ़ाकर १६–२० प्रतिशत तक लाया जा सके

२. शिक्षा – अशिक्षा की संपूर्ण समाप्ति, अल्पमूल्यिक व उच्च कोटि की प्राथमिक और माध्यमिक शिक्षा, व्यावसायिक शिक्षा, कन्याओं के लिये विशेष शिक्षा की सुविधाएँ, ६ वर्ष तक केवल कला, संगीत, नृत्य, खेलकूद एवं योग शिक्षा, किसी भी प्रकार की उच्च शिक्षा के लिये प्रत्येक प्रवेश–परीक्षा प्रणाली की समाप्ति (केवल शिक्षा सम्पूर्ण करने के लिये परीक्षा अनिवार्य), परीक्षा–प्रणाली के प्रयोजन की शिक्षा के व्यावहारिक उपयोग की क्षमता के परीक्षण के आधार पर स्थापना न कि स्मरण–शक्ति के परीक्षण के आधार पर, प्रचुर संख्या में पुस्तकालयों व वाचनालयों की स्थापना

३. भ्रष्टाचार–मुक्त शासन–प्रणाली – भ्रष्टाचार से संपूर्ण मुक्ति, लोकपाल तथा लोकायुक्त, सरल कानून, कठोर निरीक्षण व नियंत्रण, पूर्ण–पारदर्शिता और भ्रष्टाचार–मुक्त प्रशासन के लिये त्वरित कार्यवाही

४. काले–धन तथा कर–चोरी का पूर्ण उन्मूलन

५. किसानों द्वारा आत्महत्याएं – विवश किसानों द्वारा फसल की हानि के कारण आत्महत्याओं को रोकने के लिये किसानों तथा कृषि क्षेत्र की समस्याओं का समाधान

६. कृषि–क्षेत्र में सुधार – खेतों में काम करने वाले श्रमिकों की उचित व्यवस्था, खाद्य–भंडारण के उचित प्रबंध, कृषि–उत्पादों के उचित विक्रय की व्यवस्था, सिंचाई के आधुनिक साधनों की उपलब्धि, क्रय–विक्रय केन्द्रों की स्थापना, अच्छी सड़कों द्वारा आवागमन की सुविधाओं की उपलब्धि, अल्प मूल्यों पर बीज, जैविक खाद की उपलब्धि, कृषि–ऋण की उचित व्यवस्था

७. राजनैतिक तथा चुनावी प्रक्रियाओं में सुधार – सूचना का अधिकार, चुनाव की प्रक्रियाओं में सुधार तथा १८ वर्ष से अधिक आयु के प्रत्येक व्यक्ति का चुनाव में मताधिकार प्रयोग अनिवार्य

८. राजस्व तथा कर वसूली में सुधार – निम्न तथा मध्यम आयवर्ग के लोगों की भलाई के लिये राजस्व तथा कर वसूली की पद्धतियों में सुधार

९. उन्नत तथा श्रेष्ठतर न्याय–प्रणाली के लिये सुधार

१०. आधुनिक तथा श्रेष्ठतर उद्योगों के लिये नयी औद्योगिक नीतियां

११. नशा, अश्लीलता प्रदर्शन आदि पर नियंत्रण

१२. प्रदूषण पर कठोर नियंत्रण

ग. सुखदायी जीवन की आवश्यकतायें

१. परिवहन तथा यातायातः– देश में सर्वत्र परिवहन तथा यातायात के अत्याधुनिक साधनों तथा मूलभूत सुविधाओं की अल्पमूल्यिक उपलब्धता

२. ८० प्रतिशत अल्प–आय वर्ग के लोगों की क्रय–शक्ति में वृद्धि

३. प्रत्येक नागरिक के लिये सामाजिक सुरक्षा, सेवा–निवृत्ति वेतन तथा स्वास्थ्य–बीमा की सुविधा

घ. सुरक्षित जीवन की आवश्यकतायें

१. अपराध–मुक्त जीवन – प्रत्येक नागरिक की सुरक्षा, विशेषतः महिलाओं तथा कन्याओं की सर्वत्र सुरक्षा के लिये पूर्णतया अपराध–मुक्त वातावरण

२. सुदृढ़ तथा सक्षम राष्ट्रीय सुरक्षा के लिये प्रबल रूप से उन्नत, समर्थ, सशक्त तथा आधुनिक थलसेना, नौसेना और वायुसेना

३. बाढ़/अकाल से मृत्यु की समाप्ति के लिये बाढ़/अकाल नियंत्रण व्यवस्था

४. प्राकृतिक आपदा निवारण केंद्र

५. सांप्रदायिक सद्भावना की स्थापना

६. नागरिकों के परिवादों के समाधान के लिये विशेष नागरिक परिवाद केंद्रों की स्थापना

७. समस्याओं के समाधान के लिये सहायता केन्द्रों की स्थापना

ङ. जीवन में मनोरंजन की आवश्यकतायें

१. पर्यटन में वृद्धि के लिये विशेष योजनाएं

२. आमोद–प्रमोद तथा मनोरंजन केन्द्र

७

मुख्य लक्ष्य

मौलिक रूपान्तरण कार्यक्रम के मुख्य लक्ष्य

संपूर्ण भारतवर्ष के समस्त नागरिकों के जीवन में सुधार एवं श्रेष्ठता के लिये मौलिक रूपान्तरण कार्यक्रम के निम्नलिखित लक्ष्य हैं:–

संपूर्ण देश की समस्त जनता की आवश्यकताओं को ध्यान में रखते हुए सबको सभी क्षेत्रों में उच्च–कोटि की समस्त प्रशासकीय तथा आधारभूत सुविधाएं बिना किसी जाति या धर्म के आधार पर उपलब्ध कराने का प्रावधान

१. भ्रष्टाचार, निर्धनता, क्षुधा, कुपोषण, अपराध, कालाधन, कर–चोरी, अशिक्षा, आजीविका साधन अभाव, किसानों द्वारा आत्महत्याएं, शोषण, महंगाई, खाद्य–मिलावट आदि का सम्पूर्ण उन्मूलन, लोकपाल तथा लोकायुक्तों की नियुक्ति, सरल नियम और कानून, पूर्ण पारदर्शिता और भ्रष्टाचार–मुक्त शासन–प्रणाली के लिये कठोर निरीक्षण तथा नियंत्रण

२. सम्पूर्ण भारतवर्ष में, बिना किसी जाति या धर्म के भेद के, सब नागरिकों के लिये समानता, पूर्ण न्याय और जीवन के प्रत्येक क्षेत्र में सर्वोत्तम सुविधाओं की उपलब्धता

३. महंगाई पर कठोर नियंत्रण एवं लगभग शून्य मुद्रास्फीति

४. ग्रामीण क्षेत्रों का विकास – ग्रामों, कस्बों तथा छोटे शहरों में श्रेष्ठतर शिक्षा, स्वास्थ्य, खेलकूद, कृषि उत्पादन, मनोरंजन, आजीविका साधन, सुरक्षा, सांस्कृतिक कार्यक्रम, यातायात तथा परिवहन के लिये उत्तम सड़कों एवं सब सर्वश्रेष्ठ सुविधाओं की उपलब्धता, महानगरों की प्रत्येक सुविधा को दूर–दूर के क्षेत्रों में फैलाकर महानगरों का विकेंद्रीकरण

५. शिशु कुपोषण समाप्ति – नवजात शिशुओं तथा माँओं के स्वास्थ्य तथा कल्याण के लिये विशेष योजनायें तथा सहायता

६. बाल–श्रम की पूर्ण समाप्ति

७. सभी बच्चों तथा वयस्कों के लिये अल्पमूल्यिक एवं उच्च कोटि की प्राथमिक/माध्यमिक/उच्च स्तरीय शिक्षा सुविधायें, कन्यायों की शिक्षा के लिये विशेष ध्यान एवं प्रबंध, १२वीं कक्षा तक के लिये अनिवार्य शिक्षाधिकार व सुविधाएं तथा १०० प्रतिशत शिक्षा, शिक्षकों की आय अंतर्राष्ट्रीय मापदण्ड के अनूकूल, सार्वजनिक पुस्तकालयों तथा वाचनालयों की स्थापना

८. शिक्षा–व्यवस्था, औद्योगिक तथा अनुसंधान केंद्रों द्वारा प्रत्येक व्यक्ति को संपूर्ण आजीविका साधन की उपलब्धता, नवीन उन्नतिशील तथा उच्च–तकनीक से बने उत्पादों का देश में विकास जिससे कि देश की वर्तमान अर्थव्यवस्था को ८–१० प्रतिशत से बढ़ाकर १६–२० प्रतिशत तक लाया जा सके, आर्थिक रूप से अशक्त व्यक्तियों के लिये बिना किसी जाति या धर्म भेद पर आधारित शिक्षा एवं आजीविका साधनों की उपलब्धता

९. प्रत्येक नागरिक के लिये अत्यंत अल्पमूल्यिक, आधुनिक उपकरणों से सुसज्जित चिकित्सालयों में उच्चतम स्वास्थ्य सुविधाओं की उपलब्धता, टीबी, मलेरिया, दमा, कोढ़ जैसे रोगों का पूर्ण उन्मूलन, ५५ वर्ष से ऊपर के प्रत्येक व्यक्ति की

घर बैठे विशेष निःशुल्क स्वास्थ्य निरीक्षण की उपलब्धता (जो यूरोप के देशों में भी उपलब्ध नहीं है), स्वायत्त चिकित्सा सेवा नियंत्रण संस्थान द्वारा श्रेष्ठ स्तर के चिकित्सकों की उपलब्धता तथा चिकित्सा क्षेत्र में किसी भी दुष्ट आचरण पर नियंत्रण, ग्रामीण क्षेत्रों में कार्य कर रहे चिकित्सकों को श्रेष्ठतर सुविधाओं की उपलब्धता

१०. कृषि–क्षेत्र में सुधार – खेतों में काम करने वाले श्रमिकों की उचित व्यवस्था, खाद्य–भंडारण के उचित प्रबंध, कृषि–उत्पादों के उचित विक्रय की व्यवस्था, सिंचाई के आधुनिक साधन, क्रय–विक्रय केन्द्रों की स्थापना, अच्छी सड़कों द्वारा आवागमन की सुविधाएं, अल्प मूल्यों पर बीज, जैविक खाद की उपलब्धि, कृषि–ऋण की उचित व्यवस्था, किसानों द्वारा आत्महत्याओं का त्वरित समाधान, कृषि–उपज की पूर्णरूप से बीमा–सुरक्षा

११. अत्याधुनिक आवासगृहों का निर्माण जिनमें २४ घंटे जल, विद्युत, रसोई–गैस, शौचालय तथा पक्की सड़कों से जुड़े होने की व्यवस्था

१२. प्रभावी ढंग से कूड़े तथा गंदगी का व्यवस्थित प्रबंध

१३. आंतरिक सुरक्षा – आंतरिक सुरक्षा के लिये प्रत्येक १०० नागरिकों के लिये न्यूनतम ३ से ५ सुप्रशिक्षित, आधुनिक उपकरणों से सुसज्जित तथा नागरिकों के हित में काम करने वाले पुलिसकर्मियों की व्यवस्था, पुलिस अधिकारियों की नियुक्ति तथा स्थानान्तरण में किसी भी राजनीतिक हस्तक्षेप की समाप्ति

१४. सशक्त, सक्षम, प्रबल रूप से उन्नत आधुनिक हथियारों एवं उपकरणों से परिपूर्ण थलसेना, नौसेना और वायुसेना

१५. परिवहन तथा यातायात – सम्पूर्ण देश में परिवहन तथा यातायात के अत्याधुनिक साधनों तथा मूलभूत सुविधाओं की अल्पमूल्यिक उपलब्धता

१६. ८० प्रतिशत अल्प–आय वर्ग के लोगों की क्रय–शक्ति में सार्थक वृद्धि

१७. प्रत्येक नागरिक के लिये सामाजिक सुरक्षा, सेवानिवृत्ति वेतन तथा स्वास्थ्य–बीमा की सुविधाओं का प्रावधान

१८. राजनैतिक तथा चुनावी प्रक्रियाओं में सुधार – सूचना का अधिकार, चुनाव की प्रक्रियाओं में सुधार तथा १८ वर्ष से अधिक आयु के प्रत्येक व्यक्ति का चुनाव में मताधिकार प्रयोग अनिवार्य

१६. प्रदूषण–मुक्त वातावरण

२०. समस्त जनता के लिये सर्वोच्च स्तर की खेलकूद की सुविधाएं

२१. विभिन्न प्रकार के मनोरंजन के साधन तथा पर्यटन उद्योग को प्रोत्साहन, विदेशी तथा भारतीय पर्यटकों के लिये प्रचुर मात्रा में उच्च स्तर के अल्पमूल्यिक होटलों का निर्माण

२२. अत्यधिक स्वच्छ सड़कें तथा श्रेष्ठतम सफाई वाले सार्वजनिक क्षेत्र

२३. सम्पूर्ण देश में प्रचुर मात्रा में अति स्वच्छ सार्वजनिक शौचालयों का निर्माण

२४. विभिन्न प्रकार के सांस्कृतिक कार्यक्रमों का आयोजन

२५. नागरिकों के हित हेतु सक्षम व्यवस्था जिससे जन्म, शादी, मृत्यु के पंजीकरण तथा प्रमाणपत्र, तथा पारपत्र आदि की सरलता से उपलब्धि

२६. प्रत्येक नागरिक, विशेषतः महिलाओं की संपूर्ण सुरक्षा

२७. तुरंत न्याय प्रदान व्यवस्था

२८. प्रत्येक क्षेत्र में कार्य करने वालों को सर्वश्रेष्ठ सुविधाएं

२६. साधारण जनता के लिये मूलभूत सुख–सुविधाएं, जैसे कि जल, विद्युत् तथा गैस इत्यादि की सुचारु व्यवस्था

३०. समस्त जनता के लिये खरीददारी की उत्तम सुविधाएं

३१. विदेशों से आयात होने वाली सभी आधुनिक उच्च तकनीक के उपकरणों तथा यंत्रों का स्वदेशी उत्पादन जिससे इनके आयात की समाप्ति तथा स्वदेशी उत्पादों का निर्यात

३२. नागरिकों के परिवादों के समाधान के लिये विशेष 'नागरिक परिवाद केंद्रों' की स्थापना

३३. कठोर यातायात नियंत्रण

३४. श्रेष्ठतर सर्व–धर्म सद्भाव बनाने के लिये मंदिर, मस्जिद, चर्च तथा गुरुद्वारों का एक ही घेरे में निर्माण

३५. गहन राष्ट्रीय एकता– राष्ट्र–भक्ति को प्रोत्साहन तथा क्षेत्र–वाद पर अंकुश

३६. श्रेष्ठतर व्यापार संबंधी कुशल व्यापारिक नीतियां, उद्यमियों को प्रेरणा तथा प्रोत्साहन देने के लिये पुरस्कार का प्रावधान, नौकरशाही–मुक्त वातावरण

३७. सामान्य जनता के लिये उच्च–कोटि के विक्रय–केन्द्रों तथा भोजनालयों की स्थापना

३८. सम्पूर्ण देश में समस्त जनता के लिये प्रत्येक क्षेत्र – शिक्षा, स्वास्थ्य, यातायात, खेलकूद, आजीविका साधन, ऊर्जा, तकनीक, कृषि, सुरक्षा, पोषण, संस्कृति, मनोरंजन तथा पर्यावरण, आदि– में उत्कृष्ट, सर्वश्रेष्ठ तथा आधुनिक सुविधाएं

३६. समस्त समस्याओं के समाधान के लिये सहायता केन्द्रों की स्थापना विशेषतः किसानों, महिलाओं, आपातकालीन, अपराध, आदि के लिये

४०. नशा, अश्लीलता प्रदर्शन आदि पर नियंत्रण

४१. संव्यावसायिक प्रवास की स्थिति में आप्रवासी देश से क्षतिपूर्ति का प्रावधान

८

मौलिक रूपान्तरण कार्यक्रम का सारांश तथा सामयिक रेखाचित्र

मौलिक रूपान्तरण कार्यक्रम का सारांश

परम शीर्ष लक्ष्य :– समस्त १०० प्रतिशत भारतीय जनता का जीवन–स्तर लगभग १०० गुना श्रेष्ठतर बनाकर संयुक्त राष्ट्रसंघ की मानवीय विकास तालिका में भारत को वर्तमान १३५वें स्थान से सुधार कर प्रथम 10 में प्रस्थापित करना.

क. मौलिक कार्यक्रम के असाधारण परम लक्ष्य (सभी की प्राप्ति १०० प्रतिशत संभव) जिससे सम्पूर्ण भारत में रहने वाले समस्त भारतवासियों के जीवन–स्तर में भारी उत्थान अर्थात् १०० गुना उच्चतर कोटि का जीवन जिसके सभी भारतीय सुपात्र हैं :–

१. भारत में शून्य भ्रष्टाचार जिससे निष्कपट देशों की सूची में भारत का प्रथम स्थान – २ माह

२. पूर्ण काला धन एवं कर चोरी समाप्ति – २ वर्ष

३. १४ करोड़ नए आजीविका साधन – २ वर्ष

४. समस्त भारतीय जनता के रहने के लिये २४ घन्टे विद्युत, जल तथा गैस सहित, शौचालय, सड़क से जुड़े सुखदायी एवं आधुनिक आवासगृहों की व्यवस्था – ८ वर्ष

५. निम्न ८० प्रतिशत आयधारियों की क्रय शक्ति में १० गुना वृद्धि– ८ वर्ष

६. नगण्य (लगभग शून्य) मुद्रास्फीति – २ वर्ष

७. २०० ओलंपिक स्वर्ण पदक, संसार के १०० श्रेष्ठतम टेनिस, बैडमिंटन, टेबलटेनिस खिलाड़ी प्रत्येक तथा संसार के सर्वप्रथम हाकी, फुटबाल, एथलेटिक्स, स्की, वालीबाल, बास्केटबाल, तैराकी दल प्रत्येक – ८ वर्ष

८. १० नोबल पुरस्कार – ८ वर्ष

९. समस्त जनता की मध्यमान आयु में २० वर्ष की वृद्धि तथा ८० प्रतिशत लघुतम लंबाई के लोगों की लंबाई में १५ सेंमी. की वृद्धि – ८ वर्ष

१०. स्वचालित यन्त्रों सहित जल संकलन/निकास संजाल द्वारा विस्तृत बाढ़ एवं अकाल नियन्त्रण प्रणाली तथा जलवायु (कोहरा/वर्षा/आँधी/आर्द्रता) नियन्त्रण प्रणाली का निर्माण– ८ वर्ष

११. १०० गुना श्रेष्ठतर सार्वजनिक यातायात – सड़क, रेल, वायुयान – व्यवस्था तथा कठोर यातायात नियन्त्रण नियमों सहित विस्तृत सड़क संजाल का निर्माण – ४ वर्ष

१२. समस्त जनता के लिये सार्वजनिक सामाजिक सुरक्षा, सेवानिवृत्ति–वेतन, चिकित्सा सुरक्षा एवं ५० वर्ष से अधिक आयु के व्यक्तियों के लिये उनके घर में चिकित्सक द्वारा निःशुल्क स्वास्थ्य जाँच (जोकि योरोप में भी उपलब्ध नहीं है) – २ वर्ष

१३. आंतरिक एवं बाह्य सुरक्षा तथा जल, थल एवं वायु सेना में भारत की विशालता एवं जनसंख्या के अनुसार १० से ५० गुना वृद्धि – २ वर्ष

१४. शिक्षा सुधार, ३ से ६ साल के बच्चों के लिये योग, कला, भाषाएं (प्रान्तीय, विदेशी) तथा खेल, १०० प्रतिशत साक्षरता, व्यावसायिक शिक्षा, भारतीय एवं विदेशी भाषाओं की शिक्षा, समस्त शिक्षा उच्च कोटि की एवं निःशुल्क – ३ वर्ष

१५. कर प्रणाली में सुधार जिससे नागरिकों का धन उन्हीं के कल्याण के लिये उपयोग में लाया जाय न कि अत्यधिक धनी देशों के लाभ के लिये – ३ वर्ष

१६. समस्त भारत में लोकसभा और विधानसभा के लिये चुने गए प्रतिनिधियों की सामान्य जनता के साथ शनिवार तथा रविवार को सार्वजनिक सभाएं, जनता द्वारा निरीक्षण एवं निर्देशन, तथा सुझावों पर तुरन्त कार्यवाही – ३ माह

१७. राजनैतिक प्रणाली सुधार, लोकसभा, विधानसभा, राज्यसभा, राज्यपाल, आदि, जिससे सार्वजनिक धन व्यर्थ न गंवाया जाय – २ वर्ष

१८. १०० गुना श्रेष्ठतर स्वच्छता, २ लाख गुलाब तथा अन्य पुष्प उपवन – २ वर्ष

१९. प्राकृतिक आपदा जैसे बाढ़, भूकम्प आदि की दशा में तुरन्त सहायता, बाढ़, गर्मी की लू या जाड़ों में ठण्ड से कोई मृत्यु नहीं – २ वर्ष

२०. शून्य अपराध तथा १०० गुना श्रेष्ठतर न्याय प्रणाली – ३ वर्ष

२१. आरक्षण समस्या के १०० गुना श्रेष्ठतर समाधान से आरक्षण नीति का उन्मूलन – २ वर्ष

२२. सभी प्रकार के प्रदूषण जैसे कोलाहल, औद्योगिक एवं अन्य की मात्रा में १०० गुना घटाव तथा कठोर नियन्त्रण, रात्रि में वायुयान उड़ान व अवतरण निषेध – ४ वर्ष

२३. ऊर्जा, सूचना, संचार, स्वास्थ्य, औषधि, वैमानिकी, यातायात, जैव प्रौद्योगिकी, सुरक्षा, प्रज्ञ प्रणाली, भारी यन्त्र, अर्द्धचालक आदि के क्षेत्र में उच्च–स्तरीय अनुसन्धान केन्द्र – ३ वर्ष

२४. १० हजार मनोरंजन क्रीड़ावन – ४ वर्ष

२५. २० गुना अधिक कृषि उत्पादन – ४ वर्ष

२६. मिलावट–रहित खाद्य–पदार्थ – १ वर्ष

२७. बाल–श्रम की पूर्ण समाप्ति – १ वर्ष

२८. निर्धनता का पूर्ण उन्मूलन – ४ वर्ष

२६. पूर्व गुलामों के समूह (राष्ट्रमंडल) का त्याग – ३ माह

३०. भारतीय रुपया संसार की सर्वप्रथम मुद्रा – ८ वर्ष

३१. सभी प्रकार की समस्याओं के समाधान विशेषतः किसानों, महिलाओं, आपातकालीन परिस्थितियों, अपराध, आदि के लिये सहायता केन्द्रों की स्थापना, चिकित्सक तथा औषधि विक्रेता की रविवार/अवकाश के दिन/रात्रि में उपलब्धता – १ वर्ष

३२. वन्यजीवन पशु पक्षी संरक्षण तथा विदेशी/भारतीय पर्यटन प्रोत्साहन – ३ वर्ष

३३. नशा, अश्लीलता प्रदर्शन आदि पर नियंत्रण – १ वर्ष

ख. लक्ष्य प्राप्ति के उपाय, परियोजनाएं, समाधान (सर्वस्व पहले से उपलब्ध, सुकार्यान्वित, सुनिर्मित, सुप्रमाणित प्रतिरूप पर आधारित सूत्रों, प्रणालियों, तकनीक, कूटनीति तथा समाधान द्वारा १०० प्रतिशत पूर्णतया सम्भव) तथा समस्त स्वदेशी अनुसंधान, विकास, प्रारूप एवं उत्पादन सुविधाओं द्वारा रुपये का ५० गुना उन्मूल्यन :–

१. ल४४ युद्धयान (फ२२ से दुगुना), हेलिकॉप्टर, पनडुब्बी, टैंक, प्रक्षेपास्त्र, वायुयानवाहक जलयान, रडार, सभी रक्षा सामग्री वर्तमान उच्च तकनीक से अधिक उन्नत – ८ वर्ष

२. ५०० आसन तथा ३००० किमी. प्रति घंटा की तीव्रगति वाला वायुयान, ६०० विमानतल, ३० अंतर्राष्ट्रीय विमानतल प्रत्येक प्रदेश में न्यूनतम एक – ८ वर्ष

३. ६०० किमी. प्रति घंटा की तीव्रगति वाली गाड़ी, कश्मीर से कन्याकुमारी तथा अमृतसर से इंफाल तक की यात्रा प्रत्येक ५ घंटों में, आधुनिक आधारिक संरचना से सुसज्जित, पूर्णतया रूपान्तरित उन्नत रेल व्यवस्था – ८ वर्ष

४. ब्रह्मांड में अन्य सौर्य–मंडल की मानवीय अंतरिक्ष प्रयोगशाला द्वारा खोज, माध्यमिक गंतव्य स्थान मंगल ग्रह – १२ वर्ष

५. ५० प्रतिशत सौर्योर्जा, ५० प्रतिशत नाभिकीय संघटन ऊर्जा, अन्य ऊर्जा स्रोतों की खोज, १०० नाभिकीय रिएक्टर – ८ वर्ष

६. दूरसंचार अनुसंधान द्वारा सभी स्वदेशी दूरसंचार उपकरण एवं सभी घरों में प्रकाशिक तन्तु से स्थापित संबन्ध का निर्माण – ४ वर्ष

७. स्वदेशी वैयक्तिक गणक एवं महागणक – ४ वर्ष

८. २०० भारतीय प्रौद्योगिक संस्थान, २०० अखिल भारतीय चिकित्सा विज्ञान संस्थान, २०० भारतीय प्रबंध संस्थान, ६० हजार निम्न/माध्यमिक कुशलता के व्यावसायिक (तकनीकी व सामान्य) विद्यालय, १ लाख ८० हज़ार सार्वजनिक पुस्तकालय तथा वाचनालय – ४ वर्ष

९. १ लाख २० हजार बालकों, युवाओं तथा वृद्धों के व्यायाम सम्बन्धी सुविधाओं से युक्त क्रीड़ा–स्थल एवं क्रीड़ा–गृह, ६ लाख क्रीड़ा–संघ, ६० हज़ार तरणताल, १ लाख २० हज़ार शारीरिक व्यायाम केंद्र, ६० हज़ार उच्च वर्ग के क्रीड़ा विद्यालय, ६० हज़ार एथलेटिक्स पथ, १ लाख २० हज़ार फुटबाल तथा हॉकी क्रीड़ा–स्थल, १ लाख २० हज़ार टेनिस क्रीड़ा–स्थल – २ वर्ष

१०. ६० हज़ार अत्योच्च कोटि के चिकित्सालय – ४ वर्ष

११. नवीन उपकरणों का विकास जैसे चक्रवात निवारण, जलवायु नियन्त्रण, भाविष्यिक यात्रा से संबन्धित, आदि – ८ वर्ष

१२. भारतीय उच्च कोटि की कार, सुविधापूर्ण बस – ८ वर्ष
१३. विश्व का विशालतम पृथ्वी पर तथा अंतरिक्ष में नक्षत्रदर्शक यन्त्र – ८ वर्ष
१४. सूक्ष्म एवं अति सूक्ष्म चिप अवयवों का विकास तथा उत्पादन– ४ वर्ष
१५. वर्तमान उच्च तकनीक से अधिक उन्नत सभी अत्याधुनिक चिकित्सा यन्त्रों एवं उपकरणों का विकास तथा उत्पादन – ४ वर्ष
१६. सभी भारी औद्योगिक यन्त्रों जैसे सड़क निर्माण, भारोत्तोलन, गणक नियन्त्रित संख्यात्मक यन्त्रादि का विकास एवं उत्पादन– ८ वर्ष
१७. उपभोक्ता इलैक्ट्रोनिक उपकरण – ८ वर्ष
१८. कूड़ा/गंदगी एवं वातावरण प्रबन्ध, प्रत्येक १ वर्ग किमी. क्षेत्र में स्वच्छता निर्वाहन के लिए ३ व्यक्ति – २ वर्ष
१६. ६० हज़ार प्राकृतिक विपत्ति तथा आकस्मिक दुर्घटना में शीघ्र सामान्य स्थिति की प्राप्ति के लिये आधुनिक उपकरणों से सुसज्जित सहायता केन्द्र – २ वर्ष
२०. न्यायिक व्यवस्था की सुविधाओं, न्यायालयों, न्यायाधीशों, न्याय कर्मचारियों आदि में ५० गुना वृद्धि – ३ वर्ष
२१. कर, कार्य, शिक्षा, आन्तरिक सुरक्षा तथा आवास से सम्बन्धित नवीन सामाजिक कल्याण विभाग, ६० हजार प्रबन्धित राष्ट्रखण्ड एवं १३ उत्तरदायी, सभी चलनशील चित्रित आभासी वैयक्तिक संजाल द्वारा संयोजित – १ वर्ष
२२. ६० हज़ार भारतीय शास्त्रीय (दक्षिणी, उत्तरी, रवीन्द्र संगीत)/पश्चिमी शास्त्रीय (पिआनो, वाद्य यन्त्र समूह) संगीत विद्यालय, १ लाख २० हज़ार प्रेक्षागृह – २ वर्ष

२३. २० लाख अत्यन्त स्वच्छ सार्वजनिक शौचालय जिसमें से १ लाख १० बड़े शहरों में प्रत्येक – २ वर्ष

२४. कृषि अनुसंधान एवं सुधार, श्रेष्ठतर एवं उन्नत कृषि कार्य प्रणाली, किसानों को आर्थिक सहायता – ३ वर्ष

२५. ६० हज़ार अल्पमूल्यिक, विशाल, उच्चकोटि के विक्रय–केंद्र जिससे कीमतें नियन्त्रित रहें तथा १० हजार दुग्धालय – ३ वर्ष

२६. निरंतर कार्यरत सुरक्षित और विश्वसनीय भुगतान व्यवस्था, तीस लाख निरंतर कार्यरत भुगतान सहायता केन्द्र तथा ३ लाख बैंक शाखाओं की स्थापना, सभी व्यक्ति, व्यापारी तथा दुकानदारों का बैंक खाता अनिवार्य, समस्त लेनदेन भुगतान बैंक/मुद्रा पत्रक द्वारा, एक माह में बैंक से १ हज़ार रुपये से अधिक नगद निकालना सम्भव नहीं – २ वर्ष

२७. ६० हज़ार उच्च–कोटि के अल्पमूल्यिक, स्वच्छ एवं स्वस्थ जन–भोजनालय – १ वर्ष

२८. नवीन तकनीक के अनुकूल उपयुक्त अंतर्विषयी अभियांत्रिकी शिक्षा – २ वर्ष

२६. ३० हज़ार उच्च कोटि के होटल, ३० से ५० गुना विदेशी पर्यटक – २ वर्ष

३०. संव्यावसायिक प्रवास की स्थिति में आप्रवासी देशों से क्षतिपूर्ति का प्रावधान – २ वर्ष

यह सब कुछ सभी प्राचीन, घिसी–पिटी तथा अप्रचलित कार्य–पद्धतियों को पूरी तरह से हटा कर उनके स्थान पर नवीन, आधुनिक, सुप्रमाणित, विशेष, व्यावसायिक, अभिनव और प्रभावशाली ढंग, प्रणालियों तथा तकनीक के उपयोग से, जिसको अग्रिम अध्यायों में विस्तारपूर्वक प्रस्तुत किया गया हैं, पूर्णतया १०० प्रतिशत सम्भव है.

सामयिक रेखाचित्र - समयबद्ध-कार्यक्रम

0 — २माह — ३माह — १वर्ष — २वर्ष — ३वर्ष — ४वर्ष — ८वर्ष — १२वर्ष

२माह
- लऽ१. शून्य भ्रष्टाचार

३माह
- लऽ१६. शनि, रविवार जन-सभाएँ
- लऽ२९. राष्ट्रमंडल त्याग

१वर्ष
- लऽ२६. मिलावट-रहित खाद्य-पदार्थ
- लऽ२७. बाल-श्रम पूर्ण समाप्ति
- लऽ३१. विशेष सहायता केन्द्र
- लऽ३३. नशा, अश्लीलता प्रदर्शन नियंत्रण
- सऽ२१. नवीन सामाजिक कल्याण विभाग
- सऽ२७. ६० हजार जन-भोजनालय

२वर्ष
- लऽ२ पूर्ण काला धन एवं कर चोरी समाप्ति
- लऽ३. १४ करोड नवीन आजीविका साधन
- लऽ६. लगभग शून्य मुद्रास्फीति
- लऽ१२. सार्वजनिक सामाजिक सुरक्षा, सेवानिवृत्ति-वेतन, चिकित्सा सुरक्षा
- लऽ१३. जल, थल एवं वायु सेना
- लऽ१७. राजनैतिक प्रणाली सुधार
- लऽ१८. स्वच्छता
- लऽ१९. प्राकृतिक विपत्ति में सहायता
- लऽ२१. आरक्षण समस्या समाधान
- सऽ९. १ लाख क्रीड़ा-स्थल
- सऽ१८. कूड़ा/गंदगी एवं वातावरण प्रबन्ध
- सऽ१९. ६० हजार प्राकृतिक विपत्ति सहायता केन्द्र
- सऽ२२. ६० हजार संगीत, कला विद्यालय प्रत्येक, १.२ लाख प्रेक्षागृह
- सऽ२३. २० लाख सार्वजनिक शौचालय
- सऽ२६. निरंतर कार्यरत भुगतान व्यवस्था
- सऽ२८. अभियांत्रिकी शिक्षा सुधार
- सऽ२९. ३० हजार होटल, ५० गुना विदेशी पर्यटक
- सऽ३०. संव्यावसायिक प्रवास क्षतिपूर्ति

३वर्ष
- लऽ१४. शिक्षा सुधार
- लऽ१५. कर प्रणाली सुधार
- लऽ२०. शून्य अपराध तथा १०० गुना श्रेष्ठतर न्यायपणाली
- लऽ२३. अनुसन्धान केन्द्र
- लऽ३२. वन्यजीवन संरक्षण, पर्यटन प्रोत्साहन
- सऽ२०. न्यायिक व्यवस्था ५० गुना श्रेष्ठतर
- सऽ२४. कृषि अनुसंधान एवं सुधार
- सऽ२५. ६० हजार अल्पमूल्यिक विक्रय-केंद्र, १० हजार दुग्धालय

४वर्ष
- लऽ११. सड़क, रेल, वायु यातायात
- लऽ२२. प्रदूषण नियंत्रण
- लऽ२४. १० हज़ार मनोरजन क्रीड़ावन
- लऽ२५. बीस गुना कृषि उपज
- लऽ२८. पूर्ण निर्धनता समाप्ति
- सऽ६. संचार क्षेत्र अनुसंधान
- सऽ७. भारतीय संगणक, महागणक
- सऽ८. २०० आई आई टी, एम्स, आई आई एम, ६० हज़ार व्यावसायिक विद्यालय, १.८ लाख पुस्तकालय
- सऽ१०. ६० हजार उच्च-कोटि चिकित्सालय
- सऽ१४. माइक्रो तथा सूक्ष्म चिप्स
- सऽ१५. चिकित्सा-उपकरण

८वर्ष
- लऽ४. सुखदायी आवासगृह
- लऽ५. क्रय-शक्ति में सुधार
- लऽ७. २०० ओलंपिक स्वर्ण-पदक
- लऽ८. १० नोबेल पुरस्कार
- लऽ९. मध्यमान आयु तथा लंबाई वृद्धि
- लऽ१०. बाढ़, सूखा नियंत्रण
- लऽ३०. सर्वोत्तम भारतीय मुद्रा
- सऽ१. लड़ाकू विमान, हेलिकॉप्टर, पनडुब्बियां,टैंक, मिसाइल, रडार, विमान-वाहक जलयान
- सऽ२. तीव्रगति वायुयान
- सऽ३. तीव्रतम-गति रेलगाड़ियां
- सऽ५. सूर्य, परमाणु ऊर्जा
- सऽ११. अभिनव उत्पाद
- सऽ१२. आधुनिक उच्च कोटि की कारें
- सऽ१३. विशालतम नक्षत्रदर्शक यन्त्र
- सऽ१६. भारी उद्योग मशीनें
- सऽ१७. उपभोक्ता इलेक्ट्रॉनिक्स तथा घरेलू उपकरण

१२वर्ष
- सऽ४. अन्य सौर-मंडल खोज

संकेत :-
लऽ१ – लऽ३३ = लक्ष्य
सऽ१ – सऽ३० = समाधान

उपर्युक्त सभी योजनाओं को क्रियान्वित करने से भारत विश्व के सर्वश्रेष्ठ देशों में अग्रणी स्थान ग्रहण करेगा.

भारत की स्थितियों एवं अवस्था को सुधारने के अनवरत प्रयास निरंतर तब तक करते रहना चाहिए, जब तक हमारे देश में कोई भीः–

– व्यक्ति ऐसा हो जिसे भिक्षा माँगनी पड़े या उसके सिर पर कोई छत न हो या निर्धनता के कारण उसे भूखे पेट रहना पड़े

– ऐसे किसान हों जिन्हें आत्महत्या के लिये विवश होना पड़े

– किसी भी महिला या लड़की को बलात्कार का शिकार होना पड़े या वह असुरक्षित हो

– कोई भी बालक अथवा बालिका परीक्षा में अनुत्तीर्ण होने के भय अथवा अध्ययन में असफलता के कारण आत्महत्या के लिये विवश हो

– कोई भी व्यक्ति अमानवीय स्थितियों में रहने के लिए विवश हो.

६

मौलिक रूपान्तरण कार्यक्रम का परम शीर्ष लक्ष्य

परम शीर्ष लक्ष्य

भारत के प्रत्येक नागरिक के जीवन–स्तर को लगभग १०० गुना उच्चतर बनाकर संयुक्त राष्ट्रसंघ की मानवीय विकास तालिका में भारत का स्थान १३५वें से सुधार कर प्रथम १० राष्ट्रों में प्रस्थापित करना.

सुनियोजित, सुव्यवस्थित, सुगठित तथा सुनियंत्रित रूपान्तरण कार्यक्रम पर आधारित संतुलित विकास द्वारा सम्पूर्ण भारत में समस्त भारतवासियों को सभी क्षेत्रों में सर्वश्रेष्ठ सुविधाएं प्रदान करके उनका जीवन–स्तर अति सरलता से अत्योच्च कोटि का बनाया जा सकता है. आधुनिक सूचना तंत्र के उपयोग से रूपान्तरण कार्यक्रम का कार्यान्वयन तथा नियंत्रण पूर्णतया सम्भव है. देश से सभी विशाल विषमताओं तथा अत्युच्च कोटि के भेदभावों का उन्मूलन किया जा सकता है एवं जनता के कठोर परिश्रम का फल सम्पूर्ण रूप से स्वयं जनता को प्रदान किया जा सकता है. परम शीर्ष लक्ष्य की प्राप्ति पूर्णतया १०० प्रतिशत सम्भव है.

१०

असाधारण परम लक्ष्य

असाधारण परम लक्ष्य

समस्त जनता के जीवन–स्तर को सर्वोत्तम बनाकर भारत का स्थान संयुक्त राष्ट्रसंघ की मानवीय विकास सूची के प्रथम १० देशों में सम्मिलित करने हेतु परम शीर्ष लक्ष्य की प्राप्ति के लिये परम शीर्ष लक्ष्य के निम्नलिखित घटकों, जोकि असाधारण परम लक्ष्य हैं, का प्रतिपादन किया गया है.

भ्रष्टाचार उन्मूलन

ल१. भारत को भ्रष्टाचार से पूर्ण–रूप से मुक्त करके निष्कपट देशों की सूची में भारत का प्रथम स्थान – २ माह

सर्वप्रथम, सबसे ऊपरी स्तर पर उन कुछ नेताओं के कारण भ्रष्टाचार व्याप्त है जो या तो स्वयं भ्रष्ट हैं या वे भ्रष्टाचार को देखते हुए भी आँखें मूंद लेते हैं और भ्रष्टाचार के विरुद्ध कड़े कदम उठाने में असमर्थ हैं. दूसरे स्थान पर कुछ ऐसे अधिकारीगण हैं जो सदाचरण तथा नैतिक मूल्यों का लज्जाजनक ढंग से त्याग कर भ्रष्टाचार में लिप्त हो कर जनता का शोषण करते हैं. तीसरे स्थान पर हैं कुछ छोटे पदों पर कार्यरत साधारण कर्मचारी, जो प्रशासन के ऐसे सामान्य कार्यों के निष्पादन के लिये अधिकृत हैं जिनको सामान्य रूप से

निःशुल्क किया जाना चाहिए परन्तु वे उन कार्यों को केवल रिश्वत के रूप में साधारण जनता से धन लेकर ही निष्पादित करते हैं.

यह सब पूरी तरह से रोका जा सकता है और स्थिति में सुधार लाया जा सकता है. यदि सबसे ऊँचे स्तर पर निष्कपट और संवेदनशील नेता पदासीन हों तो कड़े कानूनों को कठोरता से लागू करने से दूसरे स्तर पर अधिकारीगण द्वारा हो रहे भ्रष्टाचार पर अंकुश लग सकेगा. इससे तथा श्रेष्ठतर सुविधाएं, आय और क्रय–शक्ति बढ़ने से निचले स्तर पर हो रहे भ्रष्टाचार पर स्वतः ही अंकुश लगेगा (पूरी व्याख्या के लिये आगे पढ़ें).

आर्थिक उन्नति

ल२. अवैधिक (काला) धन तथा कर–चोरी की पूर्ण समाप्ति – २ वर्ष

इस उद्देश्य को पूरा करने के लिये धन का लेनदेन, भुगतान तथा कर–वसूली नियमों में सशक्त सुधार की आवश्यकता है (इसका विवरण आगे देखिये).

आजीविका साधन

ल३. १४ करोड़ नवीन आजीविका साधन सुयोग – २ वर्ष

मौलिक रूपान्तरण कार्यक्रम के पूर्ण क्रियान्वयन द्वारा सम्पूर्ण भारत में विभिन्न कार्यक्षेत्रों के विभिन्न स्तरों पर लगभग १४ करोड़ नवीन आजीविका साधन सुयोग उपलब्ध होंगे.

सर्वश्रेष्ठ जीवनयापन सुविधाएं

ल४. भारत वर्ष के प्रत्येक नागरिक के लिये सुंदर, स्वच्छ एवं वातानुकूलित आवासगृह की व्यवस्था जिनमें शौचालय तथा २४ घंटे विद्युत, जल, गैस उपलब्ध हो एवं पक्की सड़कों से जुड़ा हो – ८ वर्ष

स्वच्छ एवं वातानुकूलित घर जहाँ २४ घंटे विद्युत, जल, गैस उपलब्ध हो – इस लक्ष्य के अंदर कई लक्ष्य छिपे हुए हैं. आज अधिकांश लोग ऐसे हैं जिनके पास कोई पक्का घर नहीं है. वे गली–मुहल्लों में कच्चे झोपड़ों में, गंदी बस्तियों में, प्लास्टिक की छत और दीवारों से बनी हुई झुग्गियों में या सड़कों पर रहने को विवश हैं. उनके अस्थाई घरों में विद्युत, जल और शौचालय आदि की कोई व्यवस्था नहीं होती. वातानुकूलित घर की प्रथम आवश्यकता है कि एक पक्का घर हो जिसमें २४ घंटे जल, विद्युत, आदि की व्यवस्था हो.

अतः यह लक्ष्य सुनिश्चित करता है कि सबके लिये सर्वप्रथम एक पक्का घर हो फिर उसमें २४ घंटे जल तथा विद्युत् की व्यवस्था हो. इसके साथ ही घर में शौचालय हो तथा घर एक पक्की सड़क से जुड़ा हुआ हो. अंततः वह वातानुकूलित हो. प्रत्येक नागरिक इसका सुपात्र है कि उस के लिये दृढ़ दीवारों तथा छतों वाले पक्के और सुखदायक घर में रहने का प्रबंध हो जिसमें विद्युत, जल, गैस और शौचालय का २४ घंटों के लिये प्रावधान हो (आगे और विवरण देखिये).

श्रेष्ठतर क्रय–शक्ति

ल५. निम्न ८० प्रतिशत आय के लोगों की क्रय–शक्ति में दस गुना वृद्धि – ८ वर्ष

आर्थिक विकास के सम्बन्ध में प्रसारित आंकड़े वास्तविकता नहीं बताते. यह निम्न उदाहरणों से स्पष्ट हैः–

विगत ४० वर्ष में आय तथा मूल्यों के बदलाव के सम्बन्ध मेंः–

कुछ लोग, जो कई वर्ष पहले १० करोड़ रुपयों की कमाई करते थे आज लगभग १ हज़ार करोड़ या १ लाख करोड़ या १० लाख करोड़ रुपयों की कमाई कर रहे हैं. इसके विपरीत, अधिकतर लोगों के लिये जीवनयापन अत्यंत कठिन हो गया है क्योंकि उनकी आय में ऐसा कोई भी चमत्कारिक परिवर्तन नहीं हुआ, जबकि महंगाई

अत्यधिक बढ़ गयी है. विगत लगभग ४० वर्ष में वस्तुओं के मूल्यों में लगभग १५० गुना वृद्धि हुई है जबकि ८० प्रतिशत निम्न आयवर्ग के लोगों की आय में केवल लगभग २० से ५० प्रतिशत वृद्धि हुई होगी. इस कारणवश साधारण जनता की कठिनाइयां प्रबल रूप से बढ़ गई हैं. इस स्थिति को संशोधित करने के लिये निम्न ८० प्रतिशत आयवर्ग के लोगों की क्रय–शक्ति क्षमता को न्यूनतम दस गुना बढ़ाना अत्यावश्यक है.

सांख्यिकीय आंकड़ो की मिथ्यावादी भ्रामक धारणाओं के सम्बन्ध में :–

यदि कोई व्यक्ति १०० करोड़ रुपये कमाता है और लगभग १०० लोगों को १ लाख की आय पर नौकरी देता है तो उन १०१ लोगों की माध्यमान (औसत) आय लगभग १ करोड़ रुपये होती है. यदि उसी स्थान पर १ हजार अन्य लोग रहते हैं और वे सब इन १०१ लोगों के लिये प्रतिमाह ३००० रुपये के वेतन पर काम करते हैं तो इन ११०१ लोगों की माध्यमान आय लगभग १० लाख रुपये होती है. यदि वहाँ १० हज़ार और लोग रहते हैं जिनके पास कोई आजीविका का साधन नहीं है, तो इन ११,१०१ लोगों की माध्यमान आय लगभग १ लाख रुपये होती है. आँकड़ों के अनुसार यह बहुत अच्छी स्थिति है कि लगभग ११ हज़ार लोगों की माध्यमान आय लगभग १ लाख रुपये है परन्तु वास्तविकता इसके बिल्कुल विपरीत है. हमें सच्चाई को समझना चाहिए तथा वास्तविक समस्याओं का उचित समाधान करना चाहिए.

प्रत्येक नागरिक को आजीविका साधन उपलब्ध कराकर तथा महंगाई को नियंत्रण में रखकर लोगों की क्रय–शक्ति को बढ़ाया जा सकता है.

क. शिक्षा तथा प्रशिक्षण के लिये सब मूलभूत तथा उच्च–श्रेणी की सुविधाओं को उपलब्ध कराने तथा अच्छे वेतन वाले आजीविका साधन के सुयोग प्रदान करने से सभी व्यक्तियों को आजीविका प्राप्त होगी.

ख. स्वदेशी अनुसंधान, विकास, प्रारूप एवं उत्पादन द्वारा उच्च आय के आजीविका साधन के सुयोग पर्याप्त मात्र में बढ़ाये जा सकते हैं.

ग. कीमतों पर पूर्ण रूप से नियंत्रण विशाल विक्रय–केन्द्रों द्वारा रखा जा सकता है (और अधिक वर्णन आगे प्रस्तुत किया गया है).

८० प्रतिशत निम्न–आयवर्ग के लोगों की क्रय–शक्ति बढ़ाने का परिणाम होगा किः

क. निर्धनता दूर होगी तथा धनी एवं निर्धन लोगों के बीच का अंतर समाप्त या न्यूनतम हो जाएगा.

ख. निम्न एवं मध्यम आय वर्ग के लोगों का जीवन–स्तर श्रेष्ठतर हो जाएगा.

ग. भारत में वार्षिक प्रति व्यक्ति आय बढ़कर ३० हज़ार अमेरिकी डॉलर के समतुल्य पहुँच जाएगी.

मुद्रास्फीति

ल६. अत्यंत निम्न (लगभग शून्य) मुद्रास्फीति – २ वर्ष

विगत लगभग ४० वर्ष में मूलभूत आवश्यक सामग्री तथा अन्य वस्तुओं के मूल्यों में लगभग १५० गुना वृद्धि हो गई है. इससे रुपये की क्रय शक्ति में भारी गिरावट आई है और फलस्वरूप भारतीय रुपये का सशक्त अवमूल्यन हुआ है. भारतीय रुपये की क्रय–शक्ति को उच्च एवं दृढ़ बनाये रखने के लिये मुद्रास्फीति पर नियंत्रण अत्यावश्यक व महत्त्वपूर्ण है. यह आगे वर्णित समाधान – मूल्यों पर नियंत्रण, देश में प्रयोग तथा विदेशों में निर्यात के लिये स्वदेशी अनुसंधान, विकास, प्रारूप एवं उत्पादन द्वारा उच्च तकनीक के यंत्र व उपकरण के निर्माण जिससे अत्यधिक मूल्य से खरीदे गए यंत्र और उपकरण के आयात के स्थान पर स्वदेशी निर्मित यंत्र और उपकरण के विदेशों में निर्यात के फलस्वरूप राष्ट्रीय आय में वृद्धि और इस प्रकार वर्तमान

प्रचलित पद्धति के विपरीत प्रवृत्ति के उदय – से प्राप्त किया जा सकेगा जिसके परिणामस्वरूप लगभग शून्य मुद्रास्फीति के लक्ष्य की प्राप्ति सम्भव होगी.

खेल–कूद

ल७. २०० ओलंपिक स्वर्ण पदक, विश्व के शीर्ष १०० टेनिस, बैडमिंटन, टेबल–टेनिस प्रत्येक के खिलाड़ी तथा हॉकी, फुटबाल, एथलेटिक्स, वॉलीबॉल, बास्केटबॉल, तैराकी एवं स्की प्रतियोगिताओं प्रत्येक में शीर्ष स्थान – ८ वर्ष

दूसरे कई देश, जहाँ की जनसंख्या लगभग १ करोड़ से भी कम है, और जहाँ लगभग २० लाख युवक/युवतियां हैं, प्रत्येक ओलंपिक खेलों में २० से ३० स्वर्ण पदक जीत कर लाते हैं. भारत में ५० से ६० करोड़ बच्चे और युवक/युवतियां हैं, इतनी बड़ी युवा जनसंख्या होते हुए भी भारत एक स्वर्ण पदक नहीं जीत पाता. यह एक अत्यंत दयनीय तथा शोचनीय स्थिति है. हमें यह सब बदलना तथा सुधारना चाहिए जो कि पूर्णतः सम्भव है. हमें न्यूनतम २०० स्वर्ण पदक अवश्य जीतने चाहिए. हमारे यहाँ विश्व के सर्वश्रेष्ठ टेनिस, बैडमिंटन और टेबल–टेनिस खिलाड़ी तैयार होने चाहिए और हमारा देश हॉकी, फुटबाल, एथलेटिक्स, वॉलीबॉल, बास्केटबॉल, तैराकी तथा स्की प्रतियोगिताओं में विश्व के शीर्ष स्थान पर होना चाहिए.

यह सब श्रेष्ठतर स्वास्थ्य और पोषण से सम्भव होगा जोकि बढ़ी क्रय–शक्ति से और उत्तम खेलकूद की सुविधाओं से मिलेगा. इसके साथ ही खिलाड़ियों के उच्च कोटि के प्रशिक्षण से यह सम्भव होगा ताकि अधिकांश प्रतियोगितायों में वे श्रेष्ठतम प्रदर्शन करके देश के लिये स्वर्ण पदक जीत सकें. (और अधिक जानकारी के लिये आगे पढ़िए).

प्रतिभा–शक्ति

ल८. १० नोबेल पुरस्कार – ८ वर्ष

भारत, जहाँ प्रतिभाशाली और गुणी व्यक्तियों का बहुत बड़ा भंडार है, कम से कम १0 नोबेल पुरस्कारों से पुरस्कृत होने का अधिकारी है. यह शिक्षा, अनुसंधान, प्रारूप तथा उत्पादन के लिये सर्वोच्च सुविधाएँ प्रदान करके संभव होगा. (और जानकारी के लिये आगे पढ़ें). अग्रलिखित उदाहरण से यह स्पष्ट हो जायेगा कि कैसे अनुसन्धान की सहायता से नोबेल पुरस्कार प्राप्त किये जा सकते हैं:– यदि आप चिकित्सा विज्ञान के अध्ययन के प्रथम वर्ष के विद्यार्थियों के लिये शरीर क्रियाविज्ञान की किसी विदेशी लेखक द्वारा लिखित (विदेशी इसलिये क्योंकि कई भारतीयों का विदेशियों में अत्यधिक विश्वास है) पुस्तक का वाचन करें तो लगभग १५०० पृष्ठ की इस पुस्तक में संभवतः प्रत्येक पृष्ठ पर कई बार लिखा मिलेगा कि 'ऐसा समझा जाता है', या 'ऐसा प्रतीत होता है', या 'इसका कारण ज्ञात नहीं है', अथवा 'यह अभी तक स्पष्ट नहीं है क्यों' अथवा इसी प्रकार के कथन, आदि. यदि प्रत्येक पृष्ठ के लिये यह माध्यमान संख्या ३ मान ली जाए तो १५०० पृष्ठों के लिये इस प्रकार की अभी तक अज्ञात ४५०० समस्याएँ हैं जिसके लिये अनुसन्धान द्वारा वास्तविक स्थिति जानी जा सकती है. अब यदि १०० उच्च कोटि की अनुसन्धान सुविधाएं स्थापित करके वहाँ ५०० से १००० उत्तम चिकित्सक और विशेषज्ञों को ४५०० की ५० प्रतिशत समस्याओं, लगभग २०००, के अनुसन्धान कार्य पर लगा दिया जाये तो सम्भव है कि इन २००० समस्याओं के ५० प्रतिशत अर्थात् १००० विषयों में वास्तविकता का ज्ञान हो जाये. इन १००० में से यदि १० प्रतिशत विषय भी नोबेल पुरस्कार के योग्य हों तो इस प्रकार १०० नोबेल पुरस्कार बनते हैं. यदि इन १०० में से १० प्रतिशत के लिये भी नोबेल पुरस्कार मिले तो इस प्रकार १० नोबेल पुरस्कार मिल सकेंगे और वह भी केवल चिकित्सा के क्षेत्र में. इसी प्रकार अन्य क्षेत्रों में अनुसन्धान द्वारा कई अन्य नोबेल पुरस्कार प्राप्त किये जा सकते हैं.

माध्यमान जीवन काल

ल९. देश की समस्त जनता की माध्यमान आयु में लगभग २० वर्ष और ८० प्रतिशत कम लम्बाई वाले व्यक्तियों के कद में लगभग १५ सें.मी. की बढ़ोत्तरी – ८ वर्ष

हमारे देश में सर्वत्र अधिकांश बच्चे, वृद्ध और युवा अल्पपोषण तथा कुपोषण से पीड़ित हैं और साथ ही यहाँ कई ऐसी व्याधियां भी व्याप्त हैं जो विश्व में भारत के अतिरिक्त और कहीं नहीं पायी जातीं. हमारे यहाँ व्यक्तियों का अनुमानित माध्यमान जीवन–काल शेष विकसित देशों की तुलना में अत्यंत कम है. इस स्थिति को हमें सुधारना है और माध्यमान जीवनकाल २० वर्ष बढ़ाना है. इसके अतिरिक्त सामान्य भारतीय व्यक्तियों की शारीरिक लम्बाई को बढ़ाने की दिशा में भी कार्य करने की आवश्यकता है.

यह सब तभी संभव है जब लोगों को श्रेष्ठतर चिकित्सा, स्वास्थ्य और खेलकूद की सुविधाएं प्राप्त हों, श्रेष्ठतर आहार तथा सुपोषण हो जोकि बढ़ी क्रय–शक्ति से जुड़ा है. (और जानकारी के लिये आगे पढ़ें).

बाढ़ व सूखा नियंत्रण

ल१०. स्वचालित यन्त्रों सहित जल संकलन–शुद्धिकरण संजाल (नहर, जलाशय, उदीचन यंत्र) द्वारा विस्तृत बाढ़ एवं अकाल नियन्त्रण प्रणाली तथा जलवायु (कोहरा/वर्षा/आँधी/आर्द्रता) नियन्त्रण प्रणाली का निर्माण – ८ वर्ष

हमारे देश में जब भी वर्षा होती है तो अधिकतर राज्यों में भयंकर बाढ़ आ जाती है जिससे बड़ी संख्या में निर्धन लोगों की मृत्यु होती है क्योंकि उनके पास कोई भी दृढ़ और स्थाई आश्रय नहीं होता. इसके उपरांत जब वर्षा के अभाव में सूखा और अकाल पड़ता है तो भी सबसे अधिक कठिनाई का सामना निर्धन व्यक्तियों को ही करना पड़ता है. जब हमारे देश की बहुसंख्यक नदियों में विपुल मात्रा में वर्षा

से एकत्र हुआ जल उपलब्ध होता है, तो विशाल स्वचालित बाढ़ तथा अकाल नियंत्रण प्रणाली स्थापित करके भयंकर सूखे और बाढ़ के समय इन प्राकृतिक संसाधनों का कुशलतापूर्वक नियंत्रण व संचालन करके इन्हें जनता के हित के लिये उपयोग में लाना चाहिए.

इस लक्ष्य की प्राप्ति सुनियोजित ढंग से पूर्व से पश्चिम तथा उत्तर से दक्षिण तक की नदियों का आपस में संयोजन कर तथा नहरों, जलाशयों, जल संकलन/शुद्धिकरण संजाल पर आधारित स्वचालित प्रणाली विकसित करके की जा सकती है.

इसी तरह जलवायु पर नियंत्रण रखने की प्रणाली भी विकसित की जा सकती है जिससे धुन्ध, वर्षा, आँधी, आर्द्रता, आदि पर पूरी तरह से नियंत्रण किया जा सके तथा जीवन श्रेष्ठतर बनाया जा सके.

आवागमन और सड़क संजाल

ल११. कठोर यातायात नियम सहित श्रेष्ठतर लोक परिवहन सुविधाएं और विस्तृत सड़क, रेल, तथा वायुयान यात्रा प्रबंध की स्थापना – ४ वर्ष

यातायात की अव्यवस्था, जिसका मुख्य कारण है टूटी–फूटी सड़कें या सड़कों का अभाव, को दूर करने के लिये हमें उच्च कोटि की लोक परिवहन सुविधाएं, विस्तृत सड़क संजाल तथा कड़े यातायात के नियमों की आवश्यकता है. अधिकांश धनवान एवं मध्यम वर्ग के लोगों के पास बहुत अच्छी कारें हैं परंतु इन कारों को चलाने के लिये यदि अच्छी सड़कें या सड़कें ही ना हों तो ऐसी कारों को रखने का क्या लाभ? टूटी–फूटी सड़कों पर यातायात नियमों के अभाव में गाड़ी चलाना एक दुःस्वप्न की तरह ही होता है.

परिवहन तथा यातायात की इन सब समस्याओं को समाप्त करने के लिये प्रत्येक ग्राम, कस्बे तथा शहर को श्रेष्ठतर सड़क–तंत्र का विकास करके राष्ट्रीय सड़क तंत्र के साथ जोड़ा जाना चाहिए. बसें, मेट्रो, भूमिगत रेल तथा रेलगाड़ी – इन सबका जाल बिछाकर प्रत्येक

ग्राम और प्रत्येक शहर को आपस में तथा चिकित्सालयों, विद्यालयों, विक्रय केन्द्रों, आवासीय क्षेत्रों एवं अन्य महत्त्वपूर्ण सार्वजनिक स्थानों के साथ जोड़ा जाना चाहिए.

इसी प्रकार आधुनिक, उन्नत तथा विस्तृत रेल तथा वायुयान यातायात व्यवस्था की आवश्यकता है.

सामाजिक सुरक्षा

ल१२. प्रत्येक नागरिक के लिये सामाजिक–सुरक्षा, सेवानिवृत्ति–वेतन और स्वास्थ्य–चिकित्सा–बीमा की व्यवस्था तथा ५० वर्ष से अधिक आयु के व्यक्तियों की उनके घर में चिकित्सक द्वारा निःशुल्क स्वास्थ्य जाँच (जोकि योरोप में भी उपलब्ध नहीं है) – २ वर्ष

प्रत्येक नागरिक के लिये सामाजिक सुरक्षा आवश्यक है. जो लोग अच्छे उद्योगों में या प्रशासनिक संस्थाओं में कार्य करते हैं उन्हें चिकित्सा–बीमा तथा सेवा–निवृत्ति वेतन का लाभ मिलता है परंतु जो साधारण स्तर पर सेवारत हैं या जो लोग लघु या मध्यम श्रेणी का व्यापार कार्य करते हैं उनको सामाजिक सुरक्षा तथा चिकित्सा बीमा सुविधाएं प्राप्त नहीं होतीं. हमें इन सब स्थितियों को बदलना है तथा प्रत्येक नागरिक, चाहे वह सेवारत हो या आजीविका साधन रहित, या वह अपना कोई व्यवसाय चलाता हो – सबको सामाजिक सुरक्षा एवं स्वास्थ्य चिकित्सा बीमा का अधिकार मिलना चाहिए.

इस अधिकार को प्राप्त करने से उन व्यक्तियों को भी लाभ मिलेगा जो रोग से पीड़ित होते हुए भी श्रेष्ठ चिकित्सा सुविधाओं के अत्यधिक मूल्यवान होने के कारण इनसे वंचित रहते हैं. इसी प्रकार जो व्यक्ति लाचार, रोगी, अपंग हैं या असाध्य रोगों से पीड़ित हैं, उनके जीवन में यह पर्याप्त सुधार लाएगा.

आंतरिक एवं बाह्य सुरक्षा व्यवस्था

ल१३. भारत की आंतरिक एवं बाह्य सुरक्षा की दृढ़तापूर्वक आश्वस्ति के लिये पुलिस, थलसेना, जलसेना तथा वायुसेना इत्यादि की संख्या भारत की जनसंख्या के अनुरूप अर्थात् वर्तमान संख्या से १० से ५० गुना – २ वर्ष

भारतवर्ष एक अत्यंत विशाल देश है जहाँ आंतरिक तथा बाहरी सुरक्षा के उचित प्रबंध सदैव आवश्यक हैं, परंतु आज इनमें अत्यधिक कमियां हैं. यदि हमारी सीमा–रेखाओं की सतर्कतापूर्वक रखवाली की जाए तो किसी भी स्थिति में दूसरे देशों से आतंकवादी यहाँ नहीं घुस सकते.

इसी प्रकार यदि कड़ी आंतरिक सुरक्षा के प्रबंध हों तो अपराधों की घटनाओं पर भी रोक लग सकती है.

देश की रक्षा और सुरक्षा को श्रेष्ठतर करने के लिये भारत की जनसंख्या के अनुसार आंतरिक तथा बाहरी सुरक्षा के लिये उचित संख्या में रक्षा–बल को बढ़ाया जाना चाहिए तथा उसे आधुनिकतम सुविधाओं, उपकरण तथा सामग्री से सुसज्जित किया जाना चाहिए.

आतंरिक सुरक्षा के लिये पुलिस कर्मचारियों की संख्या जनसंख्या का लगभग ३ से ५ प्रतिशत होनी चाहिए. इसी प्रकार तीनों सेनाओं (जल, थल, वायु) की संख्या जनसंख्या का लगभग ३ से ५ प्रतिशत होनी चाहिए.

शिक्षा–व्यवस्था

ल१४. शिक्षा–व्यवस्था में पूर्ण परिवर्तन तथा सुधार, १०० प्रतिशत साक्षरता, व्यावसायिक शिक्षा का प्रसार, उच्च–स्तरीय शिक्षा सुविधाएं, भारतीय तथा विदेशी भाषाओं में दक्षता, उच्च कोटि की निःशुल्क शिक्षा, ३ से ६ वर्ष की आयु तक के बच्चों को केवल खेलकूद, योग–शिक्षा, कला तथा भाषा (विदेशी/क्षेत्रीय) ज्ञान की शिक्षा – ३ वर्ष

सम्पूर्ण शिक्षा प्रणाली में सशक्त सुधार की आवश्यकता है.

आज ३ वर्ष के बच्चों को प्राथमिक और बालवाड़ी स्कूलों में प्रवेश दिलाने के लिये उनके अभिभावकों को साक्षात्कार का सामना करना पड़ता है. बच्चों को गधों की तरह भारी–भरकम किताबों के बोझ से लादा जाता है. इस तरह से बच्चों पर बोझ लादकर अंततः हमने आज तक कितने नोबेल पुरस्कार प्राप्त किये हैं?

साथ ही साथ एक बड़ी कमी और समस्या यह भी है कि लगभग ५० प्रतिशत बच्चे तो कभी विद्यालय जा ही नहीं पाते, अर्थात् लगभग ५० प्रतिशत प्रतिभा से हम पहले ही वंचित हो जाते हैं.

भारत के प्रत्येक बच्चे को एकसमान शिक्षा का अधिकार होना चाहिए, शिक्षा ऐसी होनी चाहिए जो उनकी प्रतिभाओं को उभार सके, उन्हें एक अच्छा व्यक्ति और एक अच्छा नागरिक बना सके जिससे कि उनकी क्षमताओं का लाभ उन्हें स्वयं तथा देश को मिल सके.

कुछ विशेषताएं:

क. किसी भी प्रकार की शिक्षा प्राप्त करने के लिये कोई भी प्रवेश–परीक्षा अनिवार्य नहीं होनी चाहिए, केवल सफलतापूर्वक शिक्षा संपन्न करने के लिये परीक्षा द्वारा मूल्यांकन का प्रावधान होना चाहिए.

ख. विद्यार्थियों के लिये शिक्षा के एक क्षेत्र से दूसरे क्षेत्र में सुगम तरीके से जाने के लिये संभावनाएं एवं विकल्प होने चाहिए.

ग. सब प्रकार की उच्च, माध्यमिक, प्राथमिक, सामान्य एवं व्यावसायिक शिक्षा का प्रावधान होना चाहिए. यदि १० लाख विद्यार्थी भारतीय प्रौद्योगिक संस्थान या अखिल भारतीय चिकित्सा विज्ञान संस्थान या भारतीय प्रबंध संस्थान में प्रत्येक वर्ष शिक्षा ग्रहण करना चाहते हैं तो देश में प्रवेश–परीक्षा–रहित २०० भारतीय प्रौद्योगिक संस्थान, २०० अखिल भारतीय चिकित्सा विज्ञान संस्थान तथा २०० भारतीय प्रबंध संस्थान होने चाहिए. जो विद्यार्थी वहाँ शिक्षा प्राप्त करना चाहें,

प्रवेश–परीक्षा के बिना केवल नामांकन द्वारा प्रवेश पा सकते हैं. विद्यार्थियों को उचित दिशा में उपयुक्त पाठ्यक्रम के अध्ययन के प्रवेश के लिए यथोचित मार्गदर्शन सुविधाओं का प्रबंध होना चाहिए जिस से कि विशेष पाठ्यक्रमों के लिए उनकी योग्यता तथा रुझान का आंकलन किया जा सके. विद्यार्थियों को अपनी रुचि, योग्यता तथा मार्गदर्शन के अनुसार उचित दिशा में उपयुक्त पाठ्यक्रम का चयन करना चाहिए. केवल योग्य विद्यार्थियों को प्रत्येक पाठ्यक्रम की शिक्षा के लिये अविरत रूप से आगे बढ़ने के लिये पाठ्यक्रम पर्यंत तथा पाठ्यक्रम पश्चात् कठोर परीक्षाओं से नियंत्रण किया जाना चाहिए जिससे केवल योग्य विद्यार्थी ही किसी पाठ्यक्रम विशेष में आगे बढ़ पायें. शेष विद्यार्थियों के लिये मार्गदर्शन सुविधाओं द्वारा उचित मार्गदर्शन सहित दूसरे क्षेत्रों की सरल शिक्षा में प्रवेश करने की सुविधा होनी चाहिए.

घ. मूल्यांकन का आधार विद्यार्थियों की योग्यता एवं समझने–परखने की शक्ति के आधार पर होना चाहिए न कि केवल स्मरण–शक्ति के आधार पर. परीक्षा प्रणाली में पूर्णतया परिवर्तन लाकर परीक्षा द्वारा विद्यार्थियों की विश्लेषण तथा ज्ञान को व्यावहारिक जीवन में प्रयोग में लाने की क्षमता का मूल्यांकन किया जाना चाहिए, केवल स्मरण–शक्ति का ही नहीं.

ङ. प्राथमिक स्कूलों में राज्य–सरकारों द्वारा एकसमान शिक्षा प्रदान की जानी चाहिए, अच्छे चरित्र निर्माण पर विशेष ध्यान दिया जाना चाहिए, छह वर्ष की आयु तक के बच्चों को केवल खेलकूद, योग–शिक्षा, कला तथा भाषा ज्ञान की विशेष शिक्षा दी जानी चाहिए.

च. आर्थिक रूप से अशक्त परिवारों के बच्चों को आर्थिक सहायता दी जानी चाहिए.

छ. पढ़ाई में अशक्त बच्चों को विशेष शिक्षा का प्रावधान होना चाहिए.

ज. प्रत्येक विद्यार्थी की स्नातक दर्जे तक शिक्षा या तकनीकी–व्यावसायिक शिक्षा अनिवार्य होनी चाहिए.

आयकर

ल१५. कर–व्यवस्था में पूर्ण सुधार तथा कर–वसूली से प्राप्त धन को केवल अपने देश की जनता की भलाई के लिये खर्च करना, न कि दूसरे अति धनवान देशों के लिये – ३ वर्ष

हमारे देश के कई धनवान लोगों ने या तो आयकर कभी भी नहीं दिया होगा या फिर अपनी वास्तविक आय के अनुसार अनिवार्य कर की तुलना में अत्यधिक अल्प कर दिया होगा. हमें प्रभावशाली कर–वसूली व्यवस्था क्रियान्वित करनी है. कर–वसूली से प्राप्त धन को जनता के हित के कार्यों में खर्च किया जाना चाहिए.

यह सब नयी कर–दरें निश्चित करने से सम्भव है जिससे कि मध्यम एवं निम्न आय वर्ग तथा लघु एवं मध्यम वर्ग के व्यवसायों को लाभ मिल सके. इसके साथ ही नवीन प्रणालियों के विकास तथा उपयोग से सशक्त सुधारों की आवश्यकता है जो कि अग्रिम अध्यायों में वर्णित हैं, जैसे कि.

- संपूर्ण आय का लेन–देन बैंक के माध्यम से किया जाए
- जिन लोगों की वार्षिक आय एक लाख रुपये तक है, उनपर कोई आयकर न लगे
- सम्पूर्ण आय पर केवल एक प्रकार का कर लगाया जाएगा (कुछ स्थितियों जैसे धन–वापसी को छोड़कर). अन्य किसी प्रकार का कोई कर न लगाया जाए, इत्यादि.

अधिक जानकारी आगे उपलब्ध है.

सांसदों तथा विधायकों का जनता से संपर्क

ल१६. सम्पूर्ण भारत में समस्त देशवासियों द्वारा शनिवार और रविवार को अपने निर्वाचित प्रतिनिधियों के साथ जनसभाओं

में उन प्रतिनिधियों के कार्यों का निरीक्षण, सुझाव एवं दिशा–निर्देशन, प्रतिनिधियों द्वारा तुरंत कार्यवाही, जिससे कि देश के नागरिक मूकदर्शक न रहकर लोकतांत्रिक प्रक्रिया में पूरा भाग लें – ३ माह

चुनाव के बाद कितने लोग अपने सांसदों या विधायकों को दोबारा अपने क्षेत्र में देख पाते हैं? जनता द्वारा निर्वाचित जनता के प्रतिनिधि इतने व्यस्त हो जाते हैं कि उनके पास जनता के लिये समय ही नहीं होता.

इस स्थिति को बदलने के लिये सम्पूर्ण भारतवर्ष में प्रत्येक शनिवार एवं रविवार को जनता द्वारा निर्वाचित जन–प्रतिनिधियों का जनता से मिलने और विचार–विमर्श करने के लिये जनसभाओं का आयोजन किया जायेगा. इन जनसभाओं में, जनता अपने क्षेत्र के जन–प्रतिनिधियों को कार्य करने के लिये आदेश देगी और जनता द्वारा उनकी कार्यकुशलता का आंकलन भी होगा जिससे कि यह सुनिश्चित किया जा सके कि जनता की इच्छाओं के अनुरूप शासन–प्रणाली चलाई जा रही है.

राजनीतिक व्यवस्था

ल१७. लोकसभा, विधानसभा, राज्यसभा तथा राज्यपाल की राजनीतिक व्यवस्थाओं में सुधार जिससे जनता के धन का अपव्यय न हो – २ वर्ष

हम में से अधिकांश लोग समाचार पत्रों में पढ़कर, रेडियो पर सुनकर तथा टेलीविजन पर देखकर इस बात के अभ्यस्त हो चुके हैं कि कैसे लोकसभा में आए दिन नौटंकी व शाब्दिक तथा शारीरिक हिंसा के साथ कार्य होते हैं. परंतु राज्यसभा में क्या–क्या होता है, अधिकतर लोगों को इसकी जानकारी नहीं होती. केवल यह पता होगा कि यदि कोई नेता किसी से प्रसन्न होकर उसको लाभ पहुँचाना चाहता है, तो उस व्यक्ति को राज्यसभा के लिये मनोनीत कर देता है,

जिससे कि वह व्यक्ति अच्छे वेतन तथा अन्य सुविधाओं का लाभ उठाता रहता है. इसी तरह, विधानसभा की घटनाएं भी लोकसभा जैसी होंगी. देश के लिये क्या अच्छा है और कैसे जनता के पैसे का अपव्यय किया जाता है – इसका मूल्यांकन आवश्यक है जिससे जनता को विश्वसनीय तथा कार्यकुशल शासन–प्रणाली मिल सके.

हमारे संविधान में एक अत्यंत प्रबल दोष है कि कई राजनीतिक दल अधिकांश विषयों पर असहमति तथा विपरीत विचार रखते हुए परस्पर विरोधी ढंग से केंद्र तथा राज्य प्रशासन चलाने का प्रयत्न करते हैं. एक देश में अलग–अलग दलों द्वारा केंद्र और विभिन्न राज्यों में प्रशासन चलाना भ्रष्टाचार का सबसे बड़ा कारण है क्योंकि जब केंद्रीय प्रशासन राज्यों को जनता के विकास कार्यों के लिये धन का आवंटन करता है तो अधिकतर राज्य प्रशासन धन की कमी के लिये केंद्र प्रशासन पर दोषारोपण करते हैं, जिसका मूल कारण है कि अधिकतर धन केंद्र और राज्य सरकार के भ्रष्टाचारियों में बंट जाता है और जनता तक कोई लाभ नहीं पहुँचता.

इस स्थिति को बदलने के लिये लोकसभा तथा विधान–सभा के संबंध में संविधान में एक बड़ा संशोधन करना आवश्यक है. चुनाव केवल एक बार होने चाहिए जिसमें प्रत्येक लोकसभा के प्रत्याशी के पास १० अन्य प्रत्याशियों की सूची होनी चाहिए. ये प्रत्याशी विधानसभा के लिये मनोनीत किए गये प्रत्याशी होंगे. जो सांसद चुनाव जीतता है वह लोकसभा में जाएगा. जो दल लोकसभा में बहुमत में आएगा, वह सूची में से अपने प्रत्याशियों को विधानसभा में भेजेगा. इसका तात्पर्य यह है कि विधानसभा में भी उसी राजनीतिक दल के जनप्रतिनिधि होंगे, जो लोकसभा में बहुमत में है, और इस प्रकार लोकसभा और विधानसभा में एक ही राजनीतिक दल द्वारा कार्य बिना किसी मतभेद के, सुचारु ढंग से हो सकेगा.

दूसरा परिवर्तन, चुनाव प्रक्रिया में यह व्यवस्था होनी चाहिए कि प्रत्येक चुनाव में १ राजनीतिक दल/एक प्रत्याशी के स्थान पर २

राजनीतिक दलों/ दो प्रत्याशियों का चयन होना चाहिए जिसमें दूसरे राजनीतिक दल या प्रत्याशी को दूसरे विकल्प के रूप में चुना जाएगा. प्रत्येक प्रत्याशी के लिये पहले विकल्प के १०० प्रतिशत मत और दूसरे विकल्प के ५० प्रतिशत की दर से मत गिने जायेंगे.

एक और तथ्य – प्रत्येक १८ वर्ष से अधिक आयु के व्यक्ति के लिये मतदान करना अनिवार्य किया जाना चाहिये.

स्वच्छता

ल१८. १०० गुना श्रेष्ठतर स्वच्छता, २ लाख गुलाब तथा अन्य पुष्पों के उद्यान व पुष्प–वाटिकाएं – २ वर्ष

जब दिल्ली और मुंबई जैसे बड़े नगरों के अधिकांश प्रसिद्ध पर्यटक स्थलों पर भी मल–मूत्र की गंदगी और दुर्गंध फैली होती है, तो गंदी बस्तियों में, जहाँ बड़ी संख्या में लोग बसते हैं, स्वच्छता की शोकजनक स्थिति का अनुमान लगाना कठिन नहीं है. भारतवर्ष में स्वच्छता की विशाल स्तर पर आवश्यकता है. इसके अतिरिक्त, लोगों के लिये जगह–जगह गुलाब तथा अन्य पुष्पों की वाटिकाएं लगाने की भी आवश्यकता है. इन वाटिकाओं के लिए जैव खादों का प्रयोग करना चाहिए जिस से मनुष्य व पशुओं के अवशेष प्रबंधन में भी भारी सहायता मिल सकती है.

प्राकृतिक आपदा सहायता

ल१९. बाढ़, भूकंप, आदि प्राकृतिक आपदा के लिये त्वरित सहायता, तथा बाढ़, झुलसती गर्मी या ठिठुरती सर्दियों के कारण कोई मृत्यु नहीं – २ वर्ष

जब भी प्राकृतिक आपदा जैसे कि बाढ़, भूकंप इत्यादि की घटना होती है तो उससे सबसे अधिक हानि तथा कष्ट निर्धन वर्ग के लोगों को होता है. हजारों लोग कठोर मौसम – जैसे कि अत्यधिक वर्षा, गर्मी और सर्दी के कारण प्रत्येक वर्ष मृत्यु को प्राप्त होते हैं. इसलिये हमारे

देश में विविध प्रकार की प्राकृतिक आपदा से बचाव के लिये प्राकृतिक आपदा सहायता केंद्र सर्वत्र स्थापित किये जाने चाहिए, जिनमें आधुनिकतम उपकरण हों, जिससे विदेशी परोपकारी संस्थाओं की सहायता के बिना लोगों को बचाया जा सके. यह अत्यंत आवश्यक है कि हमारे देश के भीतर ही, बिना किसी बाहरी सहायता के, भीषण बाढ़, झुलसती हुई गर्मी या कंपकंपाती सर्दी के कारण होने वाले जीवन तथा संपत्ति के नाश को रोकने के लिये त्वरित सहायता उपलब्ध कराई जाए.

अपराध उन्मूलन

ल२०. पूर्णरूप से अपराध–मुक्ति तथा १०० गुना श्रेष्ठतर न्याय व्यवस्था – ३ वर्ष

आज अत्यंत तीव्र गति से बढ़ रहे अपराधों पर पूरी तरह से अंकुश लगाने के लिये नयी और आधुनिक तकनीक, उपकरण तथा नई प्रणालियों को अपनाने की अत्यंत आवश्यकता है. भारत में न्याय–प्रक्रिया इतनी धीमी गति से कार्य करती है कि कई दशकों तक लोगों को न्याय नहीं मिल पाता, जिससे ऐसा प्रतीत होता है कि हमारे यहाँ समय का कोई मूल्य या महत्त्व नहीं है. यदि न्याय–व्यवस्था की आधारभूत सुविधाओं को उचित ढंग से बढ़ाया जाए तो न्याय व्यवस्था तीव्र गति से कार्य कर सकती है.

पुलिसकर्मियों के लिये उचित प्रशिक्षण तथा उपकरण की आवश्यकता है. पुलिसकर्मियों की संख्या भी जनसंख्या के अनुपात में लगभग ३ से ५ प्रतिशत होनी चाहिए. इसके साथ ही उनके कार्य–संपादन के सतर्कतापूर्वक निरीक्षण से उनके द्वारा किये गये किसी भी प्रकार के अतिक्रमण, अथवा अनुचित या उपेक्षा के कार्य के लिये तीव्र कार्यवाही की आवश्यकता है.

आरक्षण–नीति का हल

ल२१. आरक्षण–नीति का सौ गुना श्रेष्ठतर हल जिससे कि आरक्षण को पूरी तरह से समाप्त किया जा सके – २ वर्ष

वर्तमान आरक्षण–नीति त्रुटियों से परिपूर्ण हैं. यह सदियों पुरानी जाति–प्रथा को प्रोत्साहित करती है. अत्यंत निर्धन लोगों के जीवन–स्तर को ऊँचा उठाने के लिये प्रभावशाली तथा ठोस कदम उठाने अत्यावश्यक हैं. मौलिक रूपान्तरण कार्यक्रम के समस्त लक्ष्यों में इन सब बातों का विशेष प्रावधान है जिससे कि समस्त नागरिकों का जीवन–स्तर उच्चतर होगा और आरक्षण–नीति की आवश्यकता ही स्वतः समाप्त हो जाएगी.

प्रदूषण–रोकथाम

ल२२. कोलाहल, औद्योगिक व्यर्थ पदार्थों का उत्सर्जन तथा प्रत्येक अन्य प्रकार के प्रदूषण पर कठोर नियंत्रण – ४ वर्ष

हमारे चारों तरफ सब जगह विभिन्न प्रकार का हानिकारक प्रदूषण फैला हुआ है. तुरंत कठोर कदम उठाकर इस पर पूरी तरह से नियंत्रण करना अत्यावश्यक है.

अत्यंत विषैले और हानिकारक औद्योगिक अवशेष का नदियों में प्रवाह तुरंत बंद कर के नदियों की युद्ध–स्तर पर स्वच्छता की आवश्यकता है. नदियों की स्वच्छता को बनाए रखने के लिये निरंतर प्रभावशाली उपायों का प्रयोग किया जाना चाहिए. इसी प्रकार अन्य सभी प्रदूषणों का नियंत्रण नागरिकों के उच्च कोटि के जीवन के लिये अत्यावश्यक है.

अनुसंधान द्वारा विकास

ल२३. ऊर्जा, सूचना व प्रसारण तकनीक, स्वास्थ्य तथा औषध–विज्ञान, वैमानिकी, परिवहन, जैव–प्रौद्योगिकी, प्रज्ञ प्रणाली, भारी उद्योग, अर्धचालक, सुरक्षा आदि के क्षेत्रों में अनुसंधान–केन्द्रों की स्थापना – ३ वर्ष

विभिन्न क्षेत्रों में अनुसंधान केंद्र खोलने से रूपान्तरण कार्यक्रम के लक्ष्यों को सफलतापूर्वक प्राप्त करने में सरलता होगी और देश आत्मनिर्भर हो सकेगा. इसके साथ ही भारतीय अनुसंधान के द्वारा

उत्कृष्ट उत्पादनों को विदेशों में भी बेचा जा सकेगा जिससे भारत की आय बढ़ेगी और यहाँ के लोग संपन्न हो सकेंगे. इससे प्रत्येक भारतीय के लिये आजीविका के भरपूर साधन भी उपलब्ध हो सकेंगे.

लोक मनोरंजन

ल२४. १० हजार आमोद–प्रमोद तथा मनोरंजन केन्द्रों की स्थापना – ४ वर्ष

समस्त जनता तथा विशेषकर बच्चों के मनोरंजन के लिये अत्याधुनिक उपकरणों से सुसज्जित उच्च कोटि के १० हजार आमोद–प्रमोद तथा मनोरंजन केन्द्रों की स्थापना की जानी चाहिए.

कृषि उत्पादन

ल२५. कृषि उत्पादन में २० गुना वृद्धि – ४ वर्ष

कृषि उत्पादन को बढ़ाने के लिये आधुनिक कृषि संबंधी तकनीकों तथा उपकरणों का प्रयोग आवश्यक है. देश के पर्यावरण को बिना नुकसान पहुँचाए, देश के विभिन्न भागों में कृषि योग्य धरती को निर्धारित करके कृषि के लिये तैयार किया जाना चाहिए.

खाद्य पदार्थों की श्रेष्ठता

ल२६. खाद्य–पदार्थों में मिलावट की पूर्ण रूप से समाप्ति – १ वर्ष

खाद्य–पदार्थों में मिलावट को रोकने के लिये अत्यंत कठोर नियम व कानून, कड़े निरीक्षण तथा शीघ्र दण्ड कार्यवाही की आवश्यकता है.

बाल कल्याण

ल२७. बाल–श्रम समाप्ति – १ वर्ष

बाल–श्रम पूर्णतया समाप्त किया जाना चाहिए. बालकों तथा बालिकाओं को अध्ययन के लिये विद्यालयों में उपस्थित होना चाहिए न कि श्रमिकों की तरह कार्यक्षेत्र में कार्य करना चाहिए.

निर्धनता उन्मूलन

ल२८. निर्धनता की पूर्णतया समाप्ति – ४ वर्ष

मौलिक रूपान्तरण कार्यक्रम के सभी लक्ष्यों की प्राप्ति से समस्त जनता को सर्वश्रेष्ठ शिक्षा तथा आजीविका के साधन उपलब्ध कराकर देश पूर्णतया निर्धनता से मुक्त हो जायेगा.

भारत का आत्म–विश्वास

ल२६. पूर्व–दासों के संघ (राष्ट्रमंडल देशों का समूह) से भारतीय निकास – ३ माह

राष्ट्रमंडल देशों का समूह वास्तव में पूर्व–अँग्रेजी उपनिवेशी देशों का संघ है जहाँ से हमें तुरंत बाहर निकलना चाहिए क्योंकि हमारा देश एक स्वतंत्र देश है.

भारतीय मुद्रा का उन्मूल्यन

ल३०. भारत की मुद्रा का विश्व में शीर्ष–स्तर पर संस्थापन – ८ वर्ष

मौलिक रूपान्तरण कार्यक्रम की बड़ी परियोजनाओं के कार्यान्वयन से जब निर्धारित लक्ष्यों की सफलतापूर्वक प्राप्ति होगी तो भारत की मुद्रा विश्व की सर्वोत्तम मुद्रा बन जाएगी.

सहायता केंद्र

ल३१. किसानों, महिलाओं, आपातकालीन परिस्थितियों, अपराध, आदि के लिये विशेष सहायता केन्द्र, चिकित्सक तथा औषधि विक्रेता की रविवार/अवकाश के दिन/रात्रि में उपलब्धता – १ वर्ष

सम्पूर्ण देश में किसानों, महिलाओं, आपातकालीन परिस्थितियों, अपराध, आदि के लिये विशेष सहायता केन्द्रों की स्थापना की जानी चाहिए. इसी प्रकार सम्पूर्ण देश में चिकित्सक तथा औषधि विक्रेता

रविवार/अवकाश के दिन/रात्रि में समस्त जनता के लिये उपलब्ध होने चाहिए.

वन्यजीवन तथा पर्यटन

ल३२. वन्यजीवन पशु पक्षी संरक्षण तथा विदेशी/भारतीय पर्यटन प्रोत्साहन – ३ वर्ष

देश में वन्यजीवन तथा पशु पक्षी संरक्षण अत्यावश्यक है तथा इसका उपयोग बहुमात्रा में विदेशियों के पर्यटन को प्रोत्साहित करके विदेशी मुद्रा अर्जित करने का उत्तम स्रोत बनाने में किया जा सकता है. इस दिशा में उपयुक्त प्रयासों से यह सर्वथा सम्भव है जैसे कि विदेशों में पर्यटन अभियान, पर्यटकों की सुरक्षा तथा पर्यटकों के लिये उच्च कोटि के विश्रामगृह, होटल तथा परिवहन की व्यवस्था. इसके साथ ही भारतीयों को भी इन सुविधाओं का आनंद उठाने के लिये प्रोत्साहित करना चाहिए जो कि मौलिक रूपान्तरण कार्यक्रम की अन्य योजनाओं के कार्यान्वयन द्वारा सभी का जीवन–स्तर उच्चतर बनाकर उनकी बढ़ी आय से उनके लिये सम्भव होगा. विदेशी व भारतीय पर्यटकों से तथा पर्यटन क्षेत्र में वृद्धि से आजीविका साधनों की वृद्धि के सुयोग उपलब्ध होंगे.

स्वस्थ सामाजिक जीवन

ल३३. नशा, अश्लीलता प्रदर्शन आदि पर नियंत्रण–१ वर्ष

नशा युवा पीढ़ी को बिगाड़ता है एवं फलस्वरूप देश को विनाश के मार्ग पर अग्रसर करता है. यह बुराई तथा अन्य सामाजिक बुराइयां जैसे सार्वजनिक स्थानों अथवा टी. वी. पर अश्लीलतापूर्ण व असभ्य प्रदर्शन आदि को नियंत्रित ढंग से पूर्णतया समाप्त करना चाहिए. इस दिशा में कठोर नियंत्रण सहित उचित कार्यवाही की जानी चाहिए.

११

कार्यान्वयन कूटनीति – विशाल योजनाएं तथा समाधान

विशाल योजनाएं तथा समाधान

ऐसा क्यों है कि भारत के किसी भी साधारण श्रमिक, शिक्षक या उपचारिका को विदेश जाने के लिये अपनी मासिक आय से १० गुना तक की मूल्यवान टिकट खरीदनी पड़ती है जबकि उनके जैसे ही व्यक्तियों को, जो पश्चिमी यूरोप या अमेरिका में रहते हैं, केवल उनके एक तिहाई या एक चौथाई महीने के वेतन के बराबर में ही वायुयान यात्रा का टिकट उपलब्ध होता है? इसी प्रकार छोटी कारों की कीमतें भी क्रमशः उनकी १०० महीनों के वेतन और ५ महीने के वेतन के समतुल्य होती हैं. यह भारत में व्यक्तियों की अल्प आय से सम्बंधित है क्योंकि यहाँ पर अधिकांश कार्य निम्न उत्पादकता के हैं जो कि पूर्ववर्णित 'समस्त धन, समृद्धि तथा प्रतिभा की सम्पूर्ण निकास एवं पलायन प्रणाली' को सम्पादित करने के लिये उचित हैं.

यह सब अग्रलिखित विशाल योजनाओं तथा समाधान द्वारा पूर्णतः परिवर्तित करने की आवश्यकता है जिससे कि उच्च उत्पादकता के आजीविका साधन उपलब्ध होंगे, फलस्वरूप वेतन बढ़ कर विकसित देशों के वेतन–स्तर के समकक्ष हो जायेंगे.

भारत में अपने अनुसंधान तथा विकास के कार्यक्रमों की तथा उत्पादन आदि की सुविधाओं की प्रचुर मात्रा में आवश्यकता है. जब

हमारे देश में ही विकसित अत्याधुनिक यंत्रों व उपकरणों का निर्माण होगा, तो हमें विदेशों से उन्हें खरीदने की आवश्यकता नहीं होगी अपितु विदेशों की आवश्यकताओं को भी हम पूरा कर सकेंगे. इसके परिणामस्वरूप भारत की मुद्रा का मूल्य अंतर्राष्ट्रीय–स्तर पर स्वतः बढ़ जाएगा तथा भारतीय रुपये का मूल्य यूरोपीय मुद्रा यूरो के समकक्ष या उससे अधिक हो जाएगा. इसके विपरीत, यदि हमारे यहाँ अत्याधुनिक उपकरणों का निर्माण नहीं होगा, तो हमें उनको विदेशों से आयात करने में धन खर्च करते रहना पड़ेगा. इस प्रकार जो धन भारत के नागरिकों के हित में व्यय किया जाना चाहिए, वह विदेशों में भेजते रहना पड़ेगा. फलस्वरूप हमारे देश की जनता उस समृद्धि से वंचित रह जाएगी जिस पर उसका पूरा अधिकार है.

परम असाधारण लक्ष्यों द्वारा समस्त जनता के जीवन–स्तर को १०० गुना श्रेष्ठतर बनाकर भारत को संयुक्त राष्ट्रसंघ के शीर्ष १० देशों में प्रस्थापित करने के परम शीर्ष लक्ष्य को प्राप्त करने के लिये मौलिक रूपान्तरण कार्यक्रम की अग्रलिखित समस्त विशाल योजनाओं तथा समाधान का कार्यान्वयन अत्यावश्यक है. प्रत्येक परियोजना के कार्यान्वयन का संचालन–निरीक्षण एक संचालन/निरीक्षण समिति द्वारा किया जाएगा.

उच्चतम श्रेणी के अत्याधुनिक रक्षा–उपकरण

स१. वर्तमान उपलब्ध तकनीकी से भी अधिक अत्याधुनिक तकनीक से युक्त लड़ाकू–विमान एल–४४ (२ x एफ–२२), हेलीकॉप्टर, पनडुब्बियां, टैंक, प्रक्षेपास्त्र, युद्धपोत, विमान–वाहक जलयान, रडार आदि सभी रक्षा सामग्री – ८ वर्ष

हमारे पास उच्च–श्रेणी के अभियंता और वैज्ञानिक उपलब्ध हैं जो भारत की रक्षा–शक्ति के लिये अत्याधुनिक तकनीकी हथियार और उपकरणों का अनुसन्धान, विकास, प्रारूप तथा निर्माण करने में पूर्णतः सक्षम हैं. जब इन हथियारों एवं उपकरणों का निर्माण अपने देश में ही

होगा तो देश की अपनी आवश्यकताओं को पूरा करते हुए भारी मात्रा में धन बचाया जा सकेगा. साथ ही साथ इन्हें दूसरे देशों को बेचकर अपार धन भी कमाया जा सकेगा जिससे देश के लिये उच्च आय का एक और स्रोत बन जाएगा. इस बचत और आय से आने वाले धन को देश के लोगों के हित, कल्याण तथा उत्थान के लिये खर्च किया जायेगा.

अत्यंत तीव्र गति से उड़ने वाले विमान

स२. ५०० सीटों वाले, ३,००० कि. मी. प्रति घंटा की तीव्रगति से उड़ने वाले अत्याधुनिक विमानों का निर्माण, ६०० विमानतल, ३० अन्तर्राष्ट्रीय विमानतल प्रत्येक प्रदेश में न्यूनतम एक – ८ वर्ष

सरल तरीके से अगर समझा जाए, तो किसी भी तरह का विमान, चाहे वह लड़ाकू विमान हो या यात्रियों के लिये, कई तरह के धातुओं और कृत्रिम पदार्थों के सम्मिश्रण से बने भागों को यंत्रों द्वारा जोड़कर बनाया जाता है. उसमें बहुत सारे उपकरण, जैसे कि मोटरें, वातानुकूलन तथा हवा के दबाव नियंत्रण के यंत्र, इलेक्ट्रॉनिक, कंप्यूटर, अन्य उपकरण तथा सॉफ्टवेयर और फर्नीचर इत्यादि लगाए जाते हैं.

आज भारत में प्रत्येक वर्ष हज़ारों की संख्या में इलेक्ट्रिकल, इलेक्ट्रॉनिक्स, कंप्यूटर, एरोडाइनमिक, मेकैनिकल तथा अन्य प्रकार के उच्च–स्तर के अभियंता तैयार होते हैं. इस सब दक्षता का क्या लाभ यदि हमें विदेशों से विमान अत्युच्च मूल्यों पर खरीदने पड़ें जबकि ये सब विमान हमारे यहाँ निर्मित एवं उत्पादित किये जा सकते हैं. यदि हम अपने यहाँ इन विमानों का उत्पादन करें, तो न केवल हम उनका अपने यहाँ प्रयोग कर सकेंगे अपितु उन विमानों को विदेशों में बेचकर देश की आय में वृद्धि कर सकेंगे. इस प्रकार अर्जित धन को देश के लोगों के कल्याण, समृद्धि एवं उत्थान के लिये उपयोग में लाया जा सकेगा.

इसके साथ ही देश में लगभग ६०० नए विमानतल बनाकर अधिकांश जनता के लिये अल्पमूल्यिक वायुयान यात्रा उपलब्ध करनी चाहिए. ३० अन्तर्राष्ट्रीय विमानतल, जिनमें से प्रत्येक प्रदेश में न्यूनतम एक हो, की स्थापना की भी आवश्यकता है.

अति तीव्र गति की रेलगड़ियां

स३. ६०० कि. मी. प्रति घंटा की तीव्र गति वाली रेलगाड़ियों का निर्माण जो कश्मीर से कन्याकुमारी तथा अमृतसर से इंफाल की दूरी मात्र ५ घंटों में पूरी कर सकें – ८ वर्ष

आज भारतीय रेल–तंत्र बहुत पुराने और अप्रचलित ढर्रे पर चल रहा है जिसको परिवर्तित कर एक अत्याधुनिक, उच्च–श्रेणी तथा बेहद सुखदायी रेल–तंत्र में बदलना अति आवश्यक है. आज यह संभव है कि हम अति तीव्र गति वाली रेलगाड़ियों को उपलब्ध करा सकें जिससे समय की बचत हो तथा कश्मीर से कन्याकुमारी तथा अमृतसर से इंफाल की दूरी मात्र ५ घंटों में पूरी की जा सके.

अंतरिक्ष क्षेत्र का विकास

स४. सौर–मंडल से आगे के अंतरिक्ष खोज के कार्यक्रमों (माध्यमिक लक्ष्य मंगल ग्रह) द्वारा मानव–संचालित अंतरिक्ष–खोज अभियान के लिये अंतरिक्ष प्रयोगशाला की स्थापना – १५ वर्ष

आज भारतवर्ष में अंतरिक्ष–खोज के क्षेत्र में आगे बढ़ना अति आवश्यक है जिससे कि हज़ारों भारतीयों को आजीविका साधन के सुयोग भी प्राप्त हो सकेंगे. हमें अन्य सौर्य–मण्डल की खोज के लिये अपनी अंतरिक्ष प्रयोगशाला स्थापित करनी चाहिए. माध्यमिक गंतव्य स्थान मंगल ग्रह निर्धारित किया जा सकता है.

ऊर्जा–क्षेत्र

स५. ५० प्रतिशत सौर्योर्जा तथा ५० प्रतिशत नाभिकीय द्रवण–ऊर्जा, हाइड्रोजन तथा अन्य, १०० नाभिकीय रिएक्टर – ८ वर्ष

भारत के पास सौर्योर्जा के रूप में एक बहुत बड़ा प्राकृतिक वरदान उपलब्ध है, परंतु बहुत दुःख की बात है कि हम इस वरदान का सदुपयोग नहीं कर रहे हैं. भारत की ऊर्जा आवश्यकताओं का लगभग ५० प्रतिशत पर्याप्त मात्रा में उपलब्ध सौर्योर्जा से ही पूरा किया जा सकता है. इसी के साथ ही नयी द्रवण, हाइड्रोजन तथा अन्य तरह की प्रक्रियाओं से उत्पन्न ऊर्जा के उत्पादन के लिये अनुसंधान और परिनियोजन किया जा सकता है जिससे कि भारत की विशाल ऊर्जा आवश्कताओं को पूरा किया जा सके. साथ ही देश की ऊर्जा आवश्यकता के लिये सम्पूर्ण देश में लगभग १०० नाभिकीय रिएक्टर की संस्थापना करनी चाहिए.

संचार–व्यवस्था

स६. संचार प्रणाली में शोध, देश में निर्मित अत्याधुनिक संचार–उपकरण तथा घर–घर में प्रकाश–व्यवस्था पर आधारित तकनीक (ऑप्टिकल फाइबर टेक्नोलॉजी) द्वारा बनी संचार–प्रणाली की स्थापना – ४ वर्ष

हमारे देश में संचार उपकरणों को विकसित करने तथा उत्पादन करने की विशाल क्षमता है जिससे हम विदेशों से ये उपकरण आयात न करके पर्याप्त धन को बचा सकते हैं. आज चीन तथा अन्य देश स्विचिंग उपकरणों का उत्पादन करके हमें बेच रहे हैं, तो क्यों न इनका विकास तथा उत्पादन स्वयं अपने ही देश में किया जाए?

महागणक

स७. संपूर्ण–रूप से भारत में विकसित व उत्पादित वैयक्तिक गणक एवं महागणक – ४ वर्ष

भारत के पास स्व–निर्मित वैयक्तिक गणक एवं महागणक का निर्माण करने की क्षमता है. इस दिशा में तुरंत योजनाबद्ध तथा सुप्रबंधित ढंग से कार्य आरम्भ किया जा सकता है. आज जब हमारे

पास इतनी बड़ी संख्या में बौद्धिक–क्षमता उपलब्ध है तो क्यों ना इसे वैयक्तिक गणक एवं महागणक के विकास तथा उत्पादन करने के लिये उपयोग में लाया जाए?

शैक्षणिक सुविधाएं

स८. २०० भारतीय प्रौद्योगिक संस्थान, २०० अखिल भारतीय चिकित्सा विज्ञान संस्थान, २०० भारतीय प्रबंध संस्थान, ६० हज़ार मध्य तथा निम्न कौशलता के (तकनीकी और अन्य) व्यावसायिक शैक्षणिक संस्थाओं, १ लाख ८० हज़ार सार्वजनिक पुस्तकालयों तथा वाचनालयों की स्थापना – ४ वर्ष

आज भारत में लगभग ५० करोड़ युवक और युवतियां हैं जिन्हें प्रत्येक स्तर पर उच्च–शिक्षा की सुविधाएं उपलब्ध करानी आवश्यक हैं. इसलिये विभिन्न विषयों में उच्चकोटि के शैक्षणिक संस्थानों, विद्यालयों, महाविद्यालयों, विश्वविद्यालयों की आवश्यकता है. यदि युवा–वर्ग को अल्पमूल्य में श्रेष्ठ शिक्षा सुविधाएं उपलब्ध होंगी, तो जाति के आधार पर किए जाने वाले आरक्षण की आवश्यकता नहीं होगी.

वास्तव में, उत्तम शिक्षा से ही आजीविका अर्जित करने के साधनों की प्राप्ति हो सकती है. सब प्रकार की उच्च शिक्षा को सब विद्यार्थियों के लिये प्रवेश–परीक्षा–रहित बनाने के लिये अत्योच्च कोटि के लगभग २०० भारतीय प्रौद्योगिक संस्थान, २०० अखिल भारतीय चिकित्सा विज्ञान संस्थान, २०० भारतीय प्रबंध संस्थान स्थापित किये जाने चाहिए.

इसके साथ ही लगभग ६० हजार माध्यमिक तथा निम्न कौशलता के (तकनीकी और अन्य) व्यावसायिक शिक्षा विद्यालयों, १ लाख ८० हज़ार सार्वजनिक पुस्तकालयों तथा वाचनालयों की देश में आवश्यकता है.

खेलकूद की सुविधाएं

स९. सभी बच्चों, युवाओं तथा वृद्धों के लिये १ लाख २० हज़ार क्रीड़ा–स्थल एवं क्रीड़ा–गृह, ६० हज़ार उच्च–स्तर के क्रीड़ा–संबंधी शिक्षा संस्थान, ६० हज़ार तरणताल तथा १ लाख २० हज़ार शारीरिक व्यायाम केंद्र – २ वर्ष

किसी भी ओलंपिक खेल में स्वर्ण–पदक पाने के लिये लगभग १० वर्ष के कड़े परिश्रम एवं प्रशिक्षण की आवश्यकता होती है. बच्चों को उच्चतम स्तर की खेलकूद की सुविधाएं उपलब्ध कराई जानी चाहिए जिससे कि वे अपनी प्रतिभा का प्रदर्शन करके स्वर्ण पदक जीत सकें. इसके साथ ही, जब लोगों को श्रेष्ठतर खेल सुविधाएं प्राप्त होंगी तो प्रत्येक नागरिक, युवा एवं वृद्ध, सबका स्वास्थ्य अच्छा रहेगा और वे रोगों से बच सकेंगे और उनकी माध्यमान आयु में भी वृद्धि होगी. लगभग २०० ओलंपिक स्वर्ण–पदक पाने के लिये लगभग १ लाख २० हज़ार क्रीड़ा–स्थलों एवं क्रीड़ा–गृहों, ६ लाख क्रीड़ा–संघों, ६० हज़ार उच्च–स्तर के क्रीड़ा–संबंधी शिक्षा संस्थानों, ६० हज़ार तरणतालों, १ लाख २० हज़ार शारीरिक व्यायाम केन्द्रों, ६० हज़ार एथलेटिक्स पथों, १ लाख २० हज़ार फुटबाल तथा हॉकी क्रीड़ा–स्थलों तथा १ लाख २० हज़ार टेनिस क्रीड़ा–स्थलों की स्थापना करनी चाहिए. इन सब प्रकल्पों से आजीविका साधनों के सुयोग भी बढ़ेंगे.

चिकित्सा एवं स्वास्थ्य–सेवाएं

स१०. ६० हज़ार अत्योच्च–स्तरीय चिकित्सालयों की स्थापना – ४ वर्ष

इतनी अधिक जनसंख्या होने के कारण भारत में बड़ी संख्या में उच्च–स्तरीय चिकित्सालयों की आवश्यकता है जिससे प्रत्येक नागरिक के स्वास्थ्य की उचित देखभाल हो सके. इस समय, केवल बड़े शहरों में ही कुछ उच्च–स्तर के चिकित्सालय उपलब्ध हैं. ये चिकित्सालय अत्यंत भीड़ से ग्रसित रहते हैं क्योंकि शहरों की जनसंख्या अत्यधिक

बढ़ चुकी है. छोटे व मध्यम शहरों में स्वास्थ्य सेवाओं की स्थिति का अनुमान सरलता से लगाया जा सकता है. हमें भारत की सौ–प्रतिशत जनता को सर्वोत्तम स्वास्थ्य सेवाएं उपलब्ध करानी हैं और इसके लिये उच्चतम स्वास्थ्य–सुविधाओं से परिपूर्ण लगभग ६० हजार आधुनिकतम चिकित्सालयों का निर्माण करना अत्यंत आवश्यक है, जिन में लोगों को लगभग निःशुल्क स्वास्थ्य सेवाएं उपलब्ध कराई जाएं.

उन्नतिशील नवीन उत्पाद

स११. विभिन्न प्रकार के उन्नतिशील नवीन उत्पादों का विकास, चक्रवात निवारण, जलवायु नियंत्रण, भविष्य–यात्रा, आदि के लिये – ८ वर्ष

भारत में उन्नतिशील नवीन विचारों की कमी है. इसका सबसे सरल उदाहरण है – साइकिल. भारतवर्ष में, प्रत्येक स्थान पर, साइकिल एक बहु–प्रचलित परिवहन का साधन है. परंतु कई दशकों से, एक ही तरह के प्रतिरूप उपलब्ध हैं जिनमें अतिरिक्त सुविधाएँ नहीं होतीं – जैसे कि बच्चों को ले जाने के लिये किसी सहायक उपसाधन का होना. विदेशों में विभिन्न प्रकार के प्रतिरूप उपलब्ध किये गए हैं जैसे कि गियर वाली साईकलें, पहाड़ी क्षेत्र में चलाने के लिये विशेष साईकलें इत्यादि. इसी तरह से बच्चों को लाने–ले जाने के लिये विशेष प्रकार की बच्चा गाड़ियां जोकि साईकिल के साथ जोड़ी जा सकती हैं, उपलब्ध हैं. पश्चिमी देशों के लोगों में नवप्रवर्तनशील तथा श्रेष्ठतर करने का सदैव प्रयास रहता है जिसका भारत में अभाव है. हमें उन्नतिशील नवीन विचारों को प्रोत्साहन देना चाहिए तथा इन नवीन विचारों से नवीन उत्पादों के बनाने में सहायता उपलब्ध करनी चाहिये. इस के साथ ही वर्तमान उत्पादों को श्रेष्ठतर बनाने के लिये प्रयत्नशील रहना चाहिए. तभी देश एवं देशवासियों की प्रगति सम्भव है.

अत्याधुनिक सुखदायी कारों एवं बसों का निर्माण

स१२. भारत में अत्याधुनिक सुखदायी कारों एवं बसों का निर्माण – ८ वर्ष

भारत में विदेशों से आयात करने के स्थान पर, अपने यहाँ विकसित अत्याधुनिक कारों का विकास तथा निर्माण करना चाहिए. कारें वास्तव में एक प्रकार के छोटे यंत्र ही हैं जिनका विकास व निर्माण पर्याप्त मात्रा में उपलब्ध हमारे यहाँ के कुशल इलेक्ट्रिकल, इलेक्ट्रॉनिक्स, कंप्यूटर, एअरोडाइनामिक, मेकैनिकल तथा अन्य प्रकार के उच्च–स्तर के अभियंता आसानी से कर सकते हैं. तो क्यों न इन सब अभियंताओ की क्षमता का पूर्णतया उपयोग किया जाए?

नक्षत्रदर्शक यन्त्र

स१३. विश्व के विशालतम पृथ्वी–/अंतरिक्ष–स्थापित नक्षत्रदर्शक यन्त्र का निर्माण – ८ वर्ष

खगोलीय और अंतरिक्ष अनुसंधान के लिये भारत में विश्व के विशालतम पृथ्वी–/अंतरिक्ष–स्थापित नक्षत्रदर्शक यन्त्र का निर्माण करना चाहिए.

इलेक्ट्रॉनिक माईक्रोचिप का निर्माण–कार्य

स१४. इलेक्ट्रॉनिक एवं सूक्ष्म–माईक्रोचिप का विकास–कार्य – ४ वर्ष

सब प्रकार के आधुनिक उपकरणों के निर्माण के लिये, भारत में इलेक्ट्रॉनिक एवं सूक्ष्म–माईक्रोचिप के क्षेत्र में विकास और निर्माण की सुविधाएं उपलब्ध होनी चाहिए.

चिकित्सा–उपकरण

स१५. वर्तमान उच्च तकनीक से अधिक उन्नत सभी अत्याधुनिक चिकित्सा यन्त्रों एवं उपकरणों का विकास तथा उत्पादन – ४ वर्ष

इस समय भारत में ही निर्मित उच्च–कोटि के अत्याधुनिक चिकित्सा–उपकरणों की भारत में उपयोगिता के लिये अत्यंत आवश्यकता है. इन उपकरणों के विकास तथा उत्पादन से अपने देश में इनके

उपयोग के साथ–साथ इन्हें विदेशों में भी बेचा जा सकेगा जिससे भारत की आय में वृद्धि होगी.

भारी मशीनों का निर्माण

स१६. भारी औद्योगिक यंत्रों का निर्माण, सड़क निर्माण यंत्र, भारोत्तोलन–यंत्र, गणक नियन्त्रित संख्यात्मक यन्त्रादि का निर्माण – ८ वर्ष

विभिन्न प्रकार के भारी औद्योगिक यंत्रों का विकास तथा निर्माण कार्य भारत में ही किया जाना चाहिए क्योंकि हमारे देश में इनकी बहुत बड़ी संख्या में आवश्यकता रहती है. इसके अतिरिक्त इनके विकास तथा निर्माण के लिये पर्याप्त प्रतिभा उपलब्ध है जिसकी क्षमता का उचित उपयोग इन कार्यों के लिये किया जाना चाहिए.

उपभोक्ता उपकरण

स१७. उपभोक्ता एवं घरेलू उपकरणों का निर्माण – ८ वर्ष

आज भारत में ही निर्मित उपभोक्ता–इलेक्ट्रॉनिक्स एवं घरेलू उपकरणों की आवश्यकता है. भारत में उपस्थित एवं उपलब्ध प्रतिभा का उचित उपयोग इन उपकरणों के विकास व निर्माण के लिये करना चाहिए.

वातावरण–नियंत्रण

स१८. कूड़ा–करकट तथा स्वच्छ वातावरण–नियंत्रण प्रणाली की स्थापना – २ वर्ष

भारत के प्रत्येक नगर तथा ग्राम में सर्वत्र अत्यधिक गंदगी एवं कूड़ा फैला रहता है तथा आधारभूत स्वच्छ–व्यवस्था एवं स्वच्छता का अभाव रहता है. इस कारण अधिकांश लोग अत्यंत खेदजनक परिस्थितियों में जीवन व्यतीत करने के लिये विवश होते हैं. इससे कई प्रकार की व्याधियों की भी वृद्धि होती है. इस स्थिति को सशक्त रूप से सुधारने के लिये तथा भारत को विश्व–स्तर के स्वच्छ देशों में सम्मिलित करने के

लिये एक अत्यंत कुशल और विश्वसनीय गंदगी तथा पर्यावरण–नियंत्रण योजना पर कार्य करना अत्यंत आवश्यक है.

इसके अतिरिक्त, कबायली क्षेत्र, जंगल तथा वन्य जीव–जंतुओं के सरंक्षण के लिये भी ठोस कदम उठाने की अत्यधिक आवश्यकता है.

आपदा सहायता केंद्र

स१६. ६० हज़ार अत्याधुनिक उपकरणों से सुसज्जित आपदा–सहायता तथा आपदा–नियंत्रण केंद्रों की स्थापना – २ वर्ष

प्रत्येक वर्ष भारत में बाढ़, भूकंप इत्यादि प्राकृतिक आपदाएँ कहीं–न–कहीं पर घटित होती रहती हैं. मानवीय तथा सम्पत्ति हानि से बचने के लिये सम्पूर्ण भारतवर्ष में बड़े स्तर पर अत्याधुनिक उपकरणों से सुसज्जित प्राकृतिक आपदा सहायता केन्द्रों की आवश्यकता है जिससे कि पीड़ित लोगों को तुरंत सहायता उपलब्ध कराई जा सके.

न्याय–व्यवस्था

स२०. न्याय–व्यवस्था की सुविधाओं, न्यायालयों, न्यायधीशों, कर्मचारियों आदि में लगभग ५० गुना बढ़ोत्तरी – ३ वर्ष

भारत में विशाल जनसंख्या तथा देश में बढ़ रहे अपराध–दर के अनुसार श्रेष्ठतर, आधुनिक एवं शीघ्र न्याय–व्यवस्था की आवश्यकता है जोकि न्याय–व्यवस्था में सुधार तथा आधुनिकीकरण से सम्भव है. अपराध समाप्ति तथा नियंत्रण के लिये तुरंत कठोर दण्ड अपरिहार्य है.

सामाजिक संरक्षण प्रणाली

स२१. कर–व्यवस्था, आजीविका, शिक्षा, आंतरिक सुरक्षा तथा आवास विभागों से संयोजित सामाजिक संरक्षण विभागों की स्थापना – १ वर्ष

प्रत्येक क्षेत्र में उचित ढंग से कार्यनिर्वाह के लिये प्रगतिशील सामाजिक संरक्षण व्यवस्था स्थापित करना अत्यावश्यक है. यह श्रेष्ठतर जीवन–स्तर के लिये प्रत्येक क्षेत्र जैसे कि शिक्षा, खेलकूद, स्वास्थ्य, आजीविका साधन, अपराध–मुक्ति तथा सुखी जीवनयापन के लिये एक आधार बनेगा. भारत, जिसका क्षेत्रफल लगभग ३० लाख वर्ग–किलोमीटर है, को लगभग ६० हज़ार प्रबन्धित राष्ट्रखण्डों – प्रत्येक ५० वर्ग किलोमीटर के क्षेत्र, या जहाँ की जनसंख्या लगभग २० हज़ार व्यक्तियों की हो – में विभाजित किया जाएगा. इन सभी राष्ट्रखण्डों की जनता की सहायता के लिये प्रत्येक राष्ट्रखण्ड में निम्नलिखित १३ व्यक्तियों को विविध प्रकार का उत्तरदायित्व दिया जायेगा :–

– एक सामाजिक कार्यकर्ता जो शिक्षा, खेलकूद, आजीविका साधन, स्वास्थ्य, आवास, सुरक्षा तथा सेवानिवृत्ति–

  वेतन इत्यादि के विषयों में जनता की आवश्यकताओं का ध्यान रखेगा

– एक सामान्य प्रबंधक जो प्रबंधन के सारे क्षेत्र जैसे कि जन्म तथा मृत्यु के पंजीकरण तथा प्रमाणपत्र, पारपत्र इत्यादि को सुचारुरूप से चलाने का उत्तरदायी होगा

– मूलभूत सुविधाओं जैसे कि सड़कें, परिवहन, शिक्षा, खेलकूद, चिकित्सालयों, न्याय–सहायता, विद्युत, जल तथा गैस आदि के कार्यों की देखरेख के लिये

– प्रत्येक प्रकार के करों की वसूली से संबंधित कार्य के नियंत्रण के लिये

– पुलिस अधिकारी सुरक्षा व्यवस्था के लिये

– चिकित्सक स्वास्थ्य संबंधी विषयों के लिये

– पर्यावरण संबंधी प्रदूषण नियंत्रण के लिये

– कूड़ा–करकट तथा स्वच्छता प्रबंधन के लिये

– आवागमन नियंत्रण के लिये
– सांस्कृतिक विषयों से संबंधित कार्यक्रमों के लिये
– खेलकूद से संबंधित प्रत्येक प्रकार की सहायता के लिये
– विधायक इन सब कार्यों की समीक्षा तथा देख–रेख के लिये
– सब गतिविधियों के समन्वयन तथा देख–रेख के लिये और राष्ट्रीय संचालक समिति से संपर्क व कार्य प्रगति की सूचना देने के लिये सामान्य प्रबंधन समन्वयक

ये १३ व्यक्ति सब सुधारों को कार्यान्वित करने के लिये इस ढाँचे में मेरुदण्ड की भांति कार्यरत होंगे. यह सब उत्तरदायी व्यक्ति चलनशील चित्रित आभासी वैयक्तिक संजाल (मोबाइल वीडियो वी पी एन) द्वारा संचालक समिति के साथ सदैव संपर्क में रहेंगे और इन सबके कार्यों का निरंतर निरीक्षण किया जाएगा. किसी भी नागरिक के किसी भी प्रकार के परिवाद के निवारण के लिये तुरंत कार्यवाही की जायेगी और इस सामाजिक सहायता प्रणाली के द्वारा लोगों का जीवन–स्तर अत्यधिक श्रेष्ठतर हो सकेगा. सम्पूर्ण देश में सभी नागरिकों की आवश्यकताओं तथा समस्याओं के आँकड़ों का एक विशाल राष्ट्रीय नागरिक आँकड़ा आधार द्वारा विश्लेषण करके उन्हें श्रेष्ठतर सहायता उपलब्ध कराई जाएगी और प्रत्येक नागरिक की आवश्यकताओं का विशेष ध्यान रखा जाएगा.

सभी ६० हज़ार प्रबन्धित राष्ट्रखण्ड निर्धारित कार्य मानव शरीर में कार्यरत कोशिकाओं की भांति कार्य करेंगे. लगभग ७० हजार सामान्य प्रबंधन समन्वयक संजाल शरीर के संवेदक तंत्र की तरह कार्य करेंगे. वे कार्य प्रगति की सूचना शरीर में नियंत्रण की तरह कार्य करने वाले मस्तिष्क के समान कार्यरत निरीक्षण केंद्र को पहुंचाएंगे. निरीक्षण केंद्र उचित कार्यवाही के लिये निष्पादन भाग, जोकि प्रशासन है, से संपर्क करेगा जिसका कार्य होगा प्रबन्धित राष्ट्रखण्ड में उचित समय पर उचित कार्यवाही करना.

संगीत तथा कला क्षेत्र

स२२. भारतीय शास्त्रीय संगीत (भारतीय वाद्य यंत्र, दक्षिण एवं उत्तर–भारतीय तथा रबीन्द्र संगीत), पश्चिमी संगीत (पियानो, वायलिन, चेलो, ओबो, मैन्डोलिन तथा आर्केस्ट्रा) के ६० हज़ार संगीत विद्यालयों तथा ६० हज़ार कला संबंधी विषयों के विद्यालयों, १ लाख २० हज़ार प्रेक्षागृहों की स्थापना – २ वर्ष

संगीत और कला जीवन में एक महत्त्वपूर्ण स्थान रखते हैं और इस आवश्यकता को पूरा करने के लिये संगीत क्षेत्र की सब सुविधाओं से सुसज्जित विशाल संख्या में संगीत विद्यालयों/संस्थानों की स्थापना की जानी चाहिए. इन विद्यालयों/संस्थानों में संगीत तथा कला की शिक्षा प्राप्त करने से बच्चों, युवकों/युवतियों तथा वयस्कों में जीवन के प्रति उत्साह और प्रेरणा को बल मिलेगा. इसके अतिरिक्त, नियमित रूप से इन विद्यालयों के विद्यार्थियों द्वारा सांस्कृतिक कार्यक्रमों का आयोजन किया जायेगा. इससे संगीत तथा सांस्कृतिक गतिविधियों से सम्बन्धित आजीविका अर्जन के सुयोग उपलब्ध होंगे. इस सम्बन्ध में ६० हज़ार संगीत विद्यालयों, ६० हज़ार कला विद्यालयों तथा १ लाख २० हज़ार प्रेक्षागृहों की स्थापना की जानी चाहिए.

सार्वजनिक शौचालय

स२३. २० लाख जन–शौचालयों का निर्माण जिनमें से १ लाख शौचालय १० बड़े नगरों में प्रत्येक, प्रत्येक १ वर्ग किमी. के स्वच्छता निर्वाहन के लिए ३ व्यक्ति – २ वर्ष

आज भी अधिकांश ग्रामों तथा नगरों में नागरिकों को खुले में शौच के लिये जाना पड़ता है. इस प्राचीन प्रथा को बदलने के लिये जलनिकासी नालों के संजाल सहित स्वच्छ जन–शौचालयों की अत्यंत आवश्यकता है. इस तरह लोगों को न केवल इस समस्या से मुक्ति मिलेगी अपितु श्रेष्ठतर स्वच्छता से कई तरह की व्याधियों से भी छुटकारा मिलेगा.

सम्पूर्ण भारत में प्रचुर मात्रा में (लगभग २० लाख) सार्वजनिक शौचालयों का निर्माण एवं व्यवस्था की जानी चाहिए. इसके साथ ही समस्त भारत में प्रत्येक १ वर्ग किमी. में ३ व्यक्तिओं को अनवरत स्वच्छता बनाये रखने के लिए सेवारत रहने की आवश्यकता है, अर्थात् इस कार्य के लिए लगभग १ करोड़ व्यक्तियों की आवश्यकता है.

कृषि अनुसंधान

स२४. कृषि अनुसंधान तथा सुधार कार्यक्रम, श्रेष्ठतर एवं उन्नत आधुनिकतम कृषि कार्य प्रणाली, किसानों को अनुदान तथा आर्थिक सहायता – ३ वर्ष

भारतवर्ष में आज भी अधिकांश किसान सदियों पुरानी पद्धतियों से खेतों में कठोर परिश्रम करने में व्यस्त रहते हैं. कृषि क्षेत्र में महत्त्वपूर्ण अनुसंधान करके बड़े सुधारों के साथ कृषि उत्पादन बढ़ाने की अत्यधिक आवश्यकता है. इसके साथ ही परिश्रमी किसानों तथा उपभोक्ताओं की बेहतरी के लिये नवीन योजनाओं को अपनाना तथा उनका क्रियान्वयन अत्यावश्यक है जिससे कि मध्यस्थता से कृषि उत्पाद विक्रय को मुक्त किया जा सके. साथ ही किसानों को अपनी उपज को व्यापारगृहों में पहुँचाने के लिये परिवहन के साधन और विक्रय के लिये उपयुक्त स्थान उपलब्ध किये जाने चाहिए.

किसानों द्वारा की जा रही आत्महत्याओं को तुरंत रोकने के लिये विशेष, प्रभावशाली उपायों की आवश्यकता है जिससे किसानों की परिस्थितियों में वास्तविक सुधार हो तथा समाज को इस कलंक से तुरंत छुटकारा दिलाया जा सके.

महंगाई पर नियंत्रण तथा दुग्धशालाएं

स२५. महंगाई पर नियंत्रण रखने के लिये ६० हज़ार अल्पमूल्यिक, विशाल, उच्चकोटि के विक्रय–केन्द्रों की स्थापना तथा १० हज़ार अत्याधुनिक दुग्धशालाएं – ३ वर्ष

सम्पूर्ण भारतवर्ष में, लोगों की सुविधा के लिये ६० हज़ार अल्पमूल्यिक और विशाल विक्रय–केंद्र खुलने चाहिए जहाँ उच्च–कोटि की वस्तुओं का विक्रय हो. इस प्रकार वस्तुओं के मूल्यों पर नियंत्रण रखा जा सकेगा. लोगों की माध्यमान ऊँचाई में वृद्धि के लिये पोषक तत्वों से परिपूर्ण दुग्ध का सेवन अत्यंत सहायक है तथा समस्त जनता को उचित मूल्य पर पर्याप्त मात्रा में दुग्ध उपलब्ध करने के लिये लगभग १० हजार दुग्धशालाओं की स्थापना की जानी चाहिए.

शून्य अवैध (काला) धन तथा शून्य कर–चोरी के लिये संपूर्ण रूप से निरंतर कार्यरत भुगतान की सुविधा

स२६. निरंतर कार्यरत सुरक्षित और विश्वसनीय भुगतान व्यवस्था, ३० लाख निरंतर कार्यरत भुगतान सहायता केन्द्र तथा ३ लाख बैंक शाखाओं की स्थापना – २ वर्ष

भारत में काले धन तथा कर–चोरी की पूर्ण समाप्ति पूर्णतया सम्भव है. इसके लिये अध्याय १७ख "शून्य कालाधन व शून्य कर–चोरी प्रणाली" में वर्णित शून्य काला धन तथा शून्य कर–चोरी प्रणाली के उपायों का उपयोग किया जाना चाहिए जिसके अनुसार लगभग २ वर्ष में ३० लाख निरंतर कार्यरत भुगतान सहायता केन्द्र तथा ३ लाख बैंक शाखाओं सहित निरंतर कार्यरत सुरक्षित और विश्वसनीय भुगतान व्यवस्था की स्थापना की जानी चाहिए. इस व्यवस्था का पूर्ण विवरण अध्याय १७ख "शून्य कालाधन व शून्य करचोरी प्रणाली" में देखिये.

आहार और पोषण

स२७. ६० हज़ार उच्च–कोटि के अल्पमूल्यिक, स्वच्छ एवं स्वास्थ्यकर जन–भोजनालयों की स्थापना – १ वर्ष

इस व्यवस्था से लोगों को उच्च–कोटि के अल्पमूल्यिक एवं स्वच्छ खाद्य पदार्थ उपलब्ध हो सकेंगे. इसके साथ ही इससे सम्पूर्ण भारत में लाखों लोगों को आजीविका अर्जित करने के साधन प्राप्त होंगे.

अभियांत्रिकी शिक्षा का पुनरावलोकन तथा उद्भव

स२८. नई तकनीक के अनुकूल उपयुक्त अंतर्विषयी अभियांत्रिकी शिक्षा

हमारी अभियांत्रिकी शिक्षा का पुनरावलोकन अत्यंत अपेक्षित है तथा नई तकनीक के उद्भव, उदाहरणतः जानपद अभियांत्रिकी के क्षेत्र में नवीन विधियों व युक्तियों के प्रयोग, से इसका उचित उद्भव आवश्यक है. वर्तमान जीवन की आवश्यकतायों के लिये सभी आधुनिक यंत्रों तथा उपकरणों का प्रारूप एवं विकास विभिन्न अभियांत्रिकी क्षेत्रों जैसे यांत्रिक/जानपद/चिकित्सा/जैव अभियांत्रिकी आदि का समावेश करता है तथा इसके साथ नैनो/चिप तकनीक का सम्मिश्रण लगभग अनिवार्य हो गया है. इससे अभियांत्रिकी शिक्षा के गंभीर पुनरावलोकन तथा उद्भव की आवश्यकता की पुष्टि होती है. इस तथ्य को ध्यान में रखते हुए अंतर्विषयी अभियांत्रिकी शिक्षा अत्यावश्यक है.

पर्यटन विश्रामालय

स२९. ३० हजार उच्च कोटि के होटल, ३० से ५० गुना अधिक विदेशी पर्यटक

विदेशी पर्यटकों की संख्या में कुछ उचित उपायों जैसे भारतीय व विदेशी पर्यटकों के रहने तथा आवागमन के लिये उच्च कोटि की मूलभूत सुविधाओं के निर्माण द्वारा पर्याप्त मात्रा में वृद्धि की जा सकती है. इसके लिये लगभग ३० हज़ार उच्च कोटि के होटलों की आवश्यकता है. भारत में विस्तृत पर्यटन संभावनाओं को प्रदर्शित करने तथा इस तथ्य का विज्ञापन करने के लिये भारत में भारतीयों तथा विदेशों में विदेशियों के लिये पर्यटन अभियान चलाये जाने चाहिए. विदेशी पर्यटकों की संख्या में वृद्धि से विदेशीमुद्रा अर्जन बढ़ेगा. यह विदेशीमुद्रा अर्जन विधि अल्पमूल्यिक सूचना प्रौद्योगिकी श्रमिकों या अन्य अल्पमूल्यिक श्रमिकों के उपयोग द्वारा विदेशीमुद्रा अर्जित करने के स्थान पर नवीन श्रेष्ठ स्रोत बनेगा तथा इससे अर्जित विदेशीमुद्रा विदेशों से उन मौलिक

आवश्यकताओं की वस्तुएं खरीदने में खर्च की जा सकती है जोकि भारत में उपलब्ध नहीं हैं जैसे पेट्रोल.

संव्यावसायिक प्रवास

स३०. संव्यावसायिक प्रवास की स्थिति में आप्रवासी देशों से क्षतिपूर्ति – २ वर्ष

जैसा कि ज्ञात है अनेक शिक्षित, प्रशिक्षित, अनुभवी भारतीय – अभियंता, चिकित्सक, विमानचालक, प्रबंधक, होटल विशेषज्ञ, आदि – जिनके निर्माण के लिये भारत ने पर्याप्त धन खर्च किया, विकसित देशों में प्रवास करते हैं जिससे विकसित देश बिना किसी धन खर्च किये इसका अत्यंत लाभ उठाते हैं. इसके लिये भारत को इन आप्रवासी देशों से क्षतिपूर्ति के लिये प्रत्येक स्थायी भारतीय प्रवासी के लिये १० लाख यूरो और प्रत्येक अस्थायी भारतीय प्रवासी के लिये ५ लाख यूरो प्राप्त करने चाहिए. यह एक अन्य प्रचुर मात्रा में विदेशी मुद्रा अर्जित करने का स्रोत बनेगा.

१२

जन विशेष

जनसमूह की विशेषताएं

सभी निर्वाचित जन–प्रतिनिधि (सांसद, विधायक, नगरपालिका सदस्य), जो कि मौलिक रूपान्तरण कार्यक्रम के क्रियान्वयन के लिये उत्तरदायी होंगे, निम्नलिखित विशेषताओं से युक्त होने चाहिए.

१. देश के ७० प्रतिशत अल्प–आय–वर्ग के लोगों के प्रति सहानुभूति रखने वाले

२. लोगों की सेवा के प्रति पूरी तरह से वचनबद्ध तथा निःस्वार्थ, समर्पित ढंग से, भारत के प्रत्येक व्यक्ति, विशेषतः देश के ७० प्रतिशत अल्प–आय वाले लोग, का जीवन–स्तर श्रेष्ठतर बनाने के कार्य करने के लिये कटिबद्ध

३. अपराधरहित पृष्ठभूमि

४. अपनी वैधानिक आय के अनुसार संपत्ति के स्वामी

५. किसी भी प्रकार के भ्रष्टाचार या कालेधन में लिप्त न होने के लिये प्रतिबद्ध

६. उत्तम स्वास्थ्य

७. मानसिक रूप से सुदृढ़ एवं सक्षम

८. २५ वर्ष से ७८ वर्ष की आयु

९. कम–से–कम स्नातक स्तर तक शिक्षित तथा हिन्दी अंग्रेज़ी में से किसी एक भाषा (या दोनों) में प्रवीणता
१०. देशभक्ति से परिपूर्ण
११. भ्रष्टाचार–मुक्त व्यवस्था के प्रति कटिबद्ध
१२. किसी भी प्रकार के अभियोग से मुक्त एक स्वच्छ छवि वाला व्यक्ति
१३. समाज में एक भद्र एवं सम्मानित व्यक्ति
१४. अहंकार–रहित, अनुशासित व्यक्ति
१५. कंप्यूटर तथा इंटरनेट की व्यावहारिक जानकारी
१६. उच्च–स्तर की संवाद–निपुणता
१७. सर्वधर्म की सद्भावना से ओतप्रोत धर्म–निरपेक्ष
१८. किसी भी जाति या धर्म के प्रति घृणा की भावना से रहित प्रत्येक धर्म के प्रति उदारता की भावना रखने वाले
१९. अपने अंदर किसी भी तरह की हीनता या उच्चता की भावना न रखने वाले
२०. मौलिक रूपान्तरण कार्यक्रम को क्रियान्वित करने तथा इस प्रकार सम्पूर्ण भारतवर्ष की समस्त जनता के कल्याण एवं हित के लिये उनके जीवन–स्तर को उच्चतम बनाने के प्रयासों के लिये पूर्णरूप से प्रतिबद्ध

१३

मूलभूत नीतियां

मूल नीतियाँ

मौलिक रूपान्तरण कार्यक्रम के क्रियान्वयन के लिये राजनीतिक नेताओं की मूल नीतियां निम्न प्रकार से होनी चाहिए :–

१. मौलिक रूपान्तरण कार्यक्रम के क्रियान्वयन द्वारा सम्पूर्ण भारतवर्ष की १०० प्रतिशत जनता – विशेषतः निम्न आयवर्ग के ७० प्रतिशत लोग, आर्थिक तथा अन्य कारणों से पिछड़े और अशक्त वर्ग के लोग, महिलाएं, किसान तथा ग्रामीण क्षेत्र की जनता – की प्रत्येक क्षेत्र में समस्त समस्याओं का समाधान प्रदान कर तथा श्रेष्ठतम सुविधाएं उपलब्ध कराकर, उनका जीवन–स्तर १०० गुना उन्नत बनाने के प्रति पूर्ण समर्पण, प्रतिबद्धता एवं दृढ–संकल्प.

२. भ्रष्टाचार, अपराध, काला–धन, निर्धनता, क्षुधा, बेरोजगारी, अशिक्षा, कर–चोरी, कुपोषण, शोषण, महंगाई, खाद्य–मिलावट, किसानों द्वारा आत्महत्या, महिलाओं तथा बालिकाओं के साथ अपराधिक घटनाएं, बाल–श्रम, नशा, अश्लीलता, निर्लज्जता, इत्यादि सभी बुराइयों को समाज से पूर्णतया समाप्त करने के प्रति पूर्ण समर्पण, प्रतिबद्धता, दृढ–संकल्प तथा क्षमता.

३. सब प्रकार से भ्रष्टाचार–मुक्त आचरण के लिये राजनीतिक दल के कार्यकर्ता, चुने हुए प्रतिनिधि, सरकारी कर्मचारी एवं

अधिकारीगण सहकार्य की शर्तों के प्रति वचनबद्ध जिनमें प्रत्येक व्यक्ति के कार्य तथा प्रतिफल – वेतन, बोनस तथा सुविधाएं – यह सब पहले से निर्धारित. किसी भी व्यक्ति को उसकी सहकार्य की शर्तों से मिले हुए अधिकारों से बढ़कर कोई भी अतिरिक्त सुविधा या विशेषाधिकार प्राप्त नहीं होगा. इन पदाधिकारियों द्वारा बड़े स्तर पर सरकारी धन विभिन्न लोक परियोजनाओं में खर्च किया जाएगा परंतु कोई भी पदाधिकारी इस प्रशासनिक धन से एक भी पैसा अपने व्यक्तिगत लाभ के लिये नहीं ले सकता.

४. सब प्रकार से निष्कपट, भ्रष्टाचार–मुक्त, जनता के प्रति स्नेहशील एवं सहायतापूर्ण तथा कुशलतापूर्वक कार्य करने के लिये कठोर निरीक्षण तथा त्वरित कार्यवाही–सहित प्रशासनिक वातावरण.

५. मौलिक रूपान्तरण कार्यक्रम की उत्कृष्ट विशिष्टताओं जो कि विकसित पश्चिमी यूरोपीय देशों में भी उपलब्ध नहीं हैं, उदाहरणतः स्वास्थ्य सेवायें, अवैध धन समाप्ति, कर–चोरी समाप्ति, आदि सहित इस कार्यक्रम का पूर्ण क्रियान्वयन.

१४

मूलभूत कूटनीतिक रूपरेखा

मूलभूत कूटनीतिक रूपरेखा

दीर्घकालिक भ्रष्टाचार–मुक्त प्रक्रियाएं :– भ्रष्टाचार, क्षुधा, निर्धनता, अपराध, काला–धन तथा कर–चोरी से पूर्णतया मुक्त भारत के लिये

४ प्रमुख विशेषताएं:

१. सरल नियम

२. राजनैतिक तथा प्रशासनिक सुधार

३. कठोर निरीक्षण तथा नियंत्रण

४. त्वरित दोष–निवारक कार्यवाही

नियमः

१. सभी निर्वाचित जन–प्रतिनिधि, सरकारी कर्मचारी एवं अधिकारीगण तथा राजनीतिक दलों के कर्मचारी मूलभूत नीतियों का पालन करेंगे (अध्याय १३ "मूलभूत नीतियां" देखिये).

२. अध्याय १५ "मुख्य विशाल प्रकल्पों की सूची" में वर्णित सभी विशाल योजनाओं तथा अध्याय १७ "मुख्य प्रणालियां, उप–प्रणालियां व कार्यक्रम" में वर्णित सभी मुख्य प्रणालियों, उप–प्रणालियों तथा कार्यक्रमों का कार्यान्वयन आवश्यक है.

राजनीतिक तथा प्रशासनिक सुधार

१. भारत के ३० लाख वर्ग कि. मी. के क्षेत्रफल को ६० हज़ार प्रबन्धित राष्ट्रखण्डों (प्रत्येक का क्षेत्रफल लगभग ५० वर्ग कि. मी.) में विभाजित किया जाना चाहिए, जिस में जनसंख्या लगभग २० हज़ार होगी.

२. निम्नलिखित १३ व्यक्तियों को प्रत्येक राष्ट्रखण्ड में विभिन्न उत्तरदायित्व दिए जाने चाहिए

   – शिक्षा, खेलकूद, आजीविका साधन, स्वास्थ्य, आवास, सुरक्षा तथा सेवानिवृत्ति–वेतन इत्यादि के विषयों में जनता की आवश्यकताओं का ध्यान रखने के लिये सामाजिक कार्यकर्त्ता

   – प्रबंधन के सारे क्षेत्र जैसे कि जन्म तथा मृत्यु के पंजीकरण तथा प्रमाणपत्र, पारपत्र इत्यादि को सुचारुरूप से चलाने के लिये सामान्य प्रबंधक

   – मूलभूत सुविधाओं जैसे कि सड़कें, परिवहन, शिक्षा, खेलकूद, चिकित्सालयों, न्याय–सहायता, विद्युत, जल और गैस आदि के कार्यों की देखरेख के लिये उत्तरदायी

   – प्रत्येक प्रकार के करों की वसूली से संबंधित कार्य के लिये

   – पुलिस अधिकारी सुरक्षा व्यवस्था के लिये

   – चिकित्सक स्वास्थ्य संबंधी विषयों के लिये

   – पर्यावरण तथा प्रदूषण संबंधी विषयों के लिये

   – कूड़ा–करकट तथा स्वच्छता प्रबंधन के लिये

   – आवागमन के रखरखाव के लिये

   – सांस्कृतिक विषयों से संबंधित कार्यक्रमों के लिये

   – खेलकूद के लिये

– सब कार्यों की समीक्षा तथा देखरेख के लिये विधायक

– सामान्य प्रबंधन समन्वयक सब गतिविधियों के समन्वयन तथा देखरेख के लिये और राष्ट्रीय संचालक समिति से संपर्क व कार्य प्रगति की सूचना देने के लिये

३. चुनाव

क. लोकसभा तथा विधानसभा के लिये केवल एक बार चुनाव

ख. सब विधायकों का सांसदों के द्वारा मनोनयन

ग. बहुमत में चुने गये दल द्वारा निर्धारित विधायकों के साथ मिलकर प्रशासनिक–व्यवस्था का आयोजन

घ. लोकपाल का प्रत्यक्ष चुनाव

४. राज्यसभा सदस्य :– राज्यसभा, विधानसभा तथा विधान–परिषद के कार्य एवं उपयोगिता का आंकलन तथा समीक्षा, तथा उनकी कार्यविधि में सुधार के लिये परिवर्तन, जैसे किः

क. राज्यसभा के लिये केवल १०० सदस्य

ख. प्रत्यक्ष चुनाव

ग. लोकायुक्त के समान अधिकार एवं उत्तरदायित्व

निरीक्षण तथा नियंत्रण समिति द्वारा निरीक्षण, नियंत्रण तथा कार्यवाही के उपाय

१. ६० हज़ार राष्ट्रखण्डों के १३ उत्तरदायी व्यक्तियों के निरीक्षण तथा नियंत्रण के लिये चलनशील चित्रित आभासी वैयक्तिक संजाल (मोबाइल वीडियो वी पी एन) प्रणाली से संयोजन

२. प्रत्येक नागरिक के पूर्ण विवरण की एक राष्ट्रीय आंकड़ा आधार में उपलब्धता तथा उनकी विभिन्न आवश्यकताओं जैसे कि शिक्षा, स्वास्थ्य, परिवहन, खेलकूद इत्यादि की समीक्षा तथा समाधान

३. लोक–परिवादों के समाधान तथा समस्या–निवारण के लिये राष्ट्रीय परिवाद केंद्रों की स्थापना

४. निम्नलिखित विषयों के लिये नियंत्रण कक्ष की स्थापना

   क. निरंतर जनता के जीवन–स्तर और उनकी आवश्यकताओं का निरीक्षण

   ख. विभिन्न आपराधिक गतिविधियों तथा अवैध धन से सम्बंधित गतिविधिओं का कठोर निरीक्षण

   ग. जीवन–स्तर की बेहतरी, अपराधों पर रोकथाम तथा अवैध–धन जैसे विषयों पर त्वरित कार्यवाही

१५

मुख्य विशाल प्रकल्पों की सूची

मुख्य विशाल प्रकल्पों की सूची

पूर्व अध्यायों में लिखित वर्णन के अनुसार तथा आधार पर मौलिक रूपान्तरण कार्यक्रम को क्रियान्वित करने के लिये निम्नलिखित मुख्य विशाल प्रकल्पों की आवश्यकता है.

१. सुधार

क. शिक्षा व्यवस्था

अ. ६ वर्ष की आयु तक बालकों, बालिकाओं के लिये केवल खेलकूद, कला, संगीत, विदेशी/प्रान्तीय भाषाओं तथा योग की शिक्षा

आ. शिक्षा सुविधाओं में अतिबृहत वृद्धि के साथ सभी उच्च शिक्षा प्रवेश–परीक्षा–रहित, केवल शिक्षा–निष्पत्ति परीक्षा

इ. परीक्षा पद्धति में परिवर्तन – परीक्षा–प्रणाली ज्ञान, विश्लेषण तथा व्यावहारिक उपयोग पर आधारित न कि स्मरण–शक्ति पर.

ई. अंतर्विषयी अभियांत्रिकी शिक्षा द्वारा अभियांत्रिकी शिक्षा का नवीनीकरण

ख. कर–व्यवस्था

अ. आय के अनुपात में कर–व्यवस्था के नियम तथा उनका कार्यान्वयन, अल्पाय पर कोई कर नहीं

२. प्रबन्धित राष्ट्रखण्ड

क. प्रबन्धित राष्ट्रखण्ड निर्धारण, १३ उत्तरदायी नियुक्ति, विभिन्न विभागों के कार्यालयों की स्थापना

ख. १३ विभागों के लिये एकीकृत संसूचना अनुप्रयोग

३. पूर्ण भ्रष्टाचार समाप्ति

क. चलनशील चित्रित आभासी वैयक्तिक संजाल द्वारा सभी प्रबन्धित राष्ट्रखण्डों के १३ उत्तरदायियों का निरीक्षण तथा नियंत्रण केंद्र से सीधा संपर्क

४. नागरिक सेवा

क. सभी नागरिकों की आवश्यकताओं का ध्यान रखने के लिये नागरिक आंकड़ा आधार

५. शिक्षा

क. प्राथमिक शिक्षा विद्यालय

ख. माध्यमिक शिक्षा विद्यालय

ग. महाविद्यालय

घ. विश्वविद्यालय

ङ. निम्न/माध्यमिक कुशलता के व्यावसायिक (तकनीकी व सामान्य) विद्यालय

च. भारतीय प्रौद्योगिक संस्थान

छ. भारतीय प्रबंध संस्थान

ज. अखिल भारतीय चिकित्सा विज्ञान संस्थान

झ. पुस्तकालय, वाचनालय

६. परिवहन

क. सड़क संजाल

ख. आधुनिक बस

ग. तिपहिया ऑटो के स्थान पर लघु टैक्सी

घ. रेल संजाल

ङ. अन्तर्राष्ट्रीय विमानतल

च. अंतर्राज्यीय विमानतल

छ. नगरों में नियमित आंतरिक (सड़क तथा रेल द्वारा) तथा दूसरे नगरों के लिये (सड़क, रेल तथा वायुयान द्वारा) यातायात सेवा

ज. प्रशिक्षित, विनम्र, सहायक प्रकृति के कर्मचारी

झ. प्रदूषण–रहित वाहन

ञ. नगर केंद्र तथा विक्रय केन्द्रों के समीप के क्षेत्रों में कारों का निषेध

७. यातायात

क. नगर केंद्र, विक्रय केन्द्र, रेलवे स्टेशन तथा मेट्रो स्टेशन के निकट गाड़ी पड़ाव स्थल

ख. पैदल पारपथ

ग. यातायात संकेत

घ. कठोर यातायात नियम

ङ. गति/मद्यपान नियंत्रण जाँच

८. स्वास्थ्य

क. चिकित्सालय

ख. रोगी सेवा – रुग्ण–वाहिनी सेवा, २४ घंटे ७ दिन औषधि विक्रेता तथा चिकित्सक उपलब्ध, चिकित्सीय ज्ञान पुस्तिकाएं, अल्पमूल्यिक औषधियां तथा अन्य

९. आवासगृह

क. समस्त जनता के लिये आवास व्यवस्था

ख. अनवरत २४–घंटे विद्युत, गैस, जल का प्रावधान

ग. सामयिक श्रमिकों के लिये आवास व्यवस्था

घ. आवास गृहों के निकट सघन वृक्षारोपण

१०. खेलकूद

क. क्रीड़ा–गृह

ख. क्रीड़ा–संघ

ग. उच्च वर्ग के क्रीड़ा विद्यालय

घ. एथलेटिक्स पथ

ङ. क्रीड़ा–स्थल

च. शारीरिक व्यायाम केंद्र

छ. ओलंपिक स्वर्ण पदक प्रशिक्षण

११. आपदा सहायता

क. प्राकृतिक आपदा निवारण केंद्र

१२. न्याय

क. न्यायिक व्यवस्था सुधार

१३. संस्कृति

क. संगीत विद्यालय (भारतीय/पश्चिमी शास्त्रीय संगीत)

ख. प्रेक्षागृह

ग. उत्तम संगीतज्ञ प्रशिक्षण

१४. स्वच्छता

क. सार्वजनिक शौचालय

ख. स्वच्छ सार्वजनिक स्थान/सड़कें

१५. महंगाई नियंत्रण

क. विक्रय केंद्र

ख. दुग्धालय

१६. पारदर्शी प्रशासन

क. पारदर्शिता के लिये इन्टरनेट द्वारा सूचना प्रसारण प्रणाली का उपयोग

१७. पर्यावरण

क. प्रदूषण नियंत्रण जैसे कोलाहल, औद्योगिक, वाहन उत्सर्जन, नदियों में गन्दगी एवं अन्य

ख. गुलाब तथा अन्य पुष्पवाटिकाएं

ग. वृक्षारोपण

१८. खरीददारी

क. विक्रय केंद्र

१९. सुरक्षा

क. प्रशिक्षित, विनम्र, सहायक प्रकृति के पुलिस कर्मचारी

ख. महिलाओं की सुरक्षा

ग. रक्षाबल/न्याय कर्मचारी वृद्धि

२०. मनोरंजन

क. आमोद–प्रमोद तथा मनोरंजन केन्द्र

ख. खेलकूद तथा संस्कृति दूरदर्शन

२१. सुखदायी जीवन

क. विमानतल के निकट रहने वाले निवासियों के लिए ध्वनि प्रदूषण न्यूनतम करने के लिए रात्रि में वायुयान उड़ान व अवतरण की समाप्ति

२२. कूड़ा व गन्दगी प्रबंधन

क. कूड़ा एकत्रीकरण तथा विन्यास प्रबंधन

ख. जलनिकास प्रणाली

२३. सहायता केंद्र

क. समस्याओं के समाधान तथा परिवादों के लिये सहायता केंद्र

२४. कार्यस्थल दशाएं

क. कार्य अवधि

ख. बालगृह

२५. वृद्धावस्था सहायता

क. वृद्धावस्थागृह

२६. उर्जा

क. सौर्योर्जा

ख. नाभिकीय रिएक्टर

२७. अनुसन्धान केंद्र

क. जलवायु

ख. अति सूक्ष्म नैनो तकनीक

ग. कृषि

घ. चिकित्सा – मलेरिया, कैंसर, एड्स

ङ. अति तीव्रगति रेल

च. महागणक

छ. संचार व्यवस्था

ज. घरेलू उपकरण

झ. स्वचालित उपकरण

ञ. अभिनव उत्पाद

ट. सुरक्षा उपकरण

ठ. चिकित्सा उपकरण

ड. भारी उद्योग यंत्र

ढ. नाभिकीय द्रवण–उर्जा तकनीक

२८. जनसभाएं

क. जनसभाओं से प्रतिपुष्टि एवं कार्यवाही

२९. नवीन उत्पादन उद्योग

क. वायुयान

ख. अति तीव्र गति रेलगाड़ी

ग. महागणक

घ. निर्देश निर्मित चिप प्रारूप तथा उत्पादन

३०. पूर्ण काला धन तथा कर–चोरी समाप्ति

क. निरंतर कार्यरत भुगतान संजाल

ख. बैंक तथा बैंक खाता

ग. बैंक से आयकर की वसूली

३१. पोषण

क. खाद्य पदार्थों में मिलावट समाप्ति एवं नियंत्रण

ख. भोजनालय

ग. सभी भोजन विक्रय व्यवसायों के लिए स्वच्छता के कठोर नियम व नियंत्रण

३२. जल संसाधन

क. जल संकलन/शुद्धिकरण संजाल (नहर, जलाशय, उदीचन यंत्र द्वारा)

३३. संव्यावसायिक प्रवासन

क. आप्रवासी देश से संव्यावसायिक प्रवास क्षतिपूर्ति

१६

कार्यान्वयन कूटनीति प्रतिरूप तथा सूत्र

कार्यान्वयन कूटनीति प्रतिरूप तथा सूत्र

निम्नलिखित सूत्र विकसित पश्चिमी यूरोपीय देशों में पहले से ही सिद्ध, सुक्रियान्वित, सुनिर्मित तथा सुप्रमाणित प्रतिरूप की कार्यशैलियों पर आधारित हैं. इनका उपयोग भारत में चमत्कारिक तीव्र गति से संतुलित विकास द्वारा सम्पूर्ण भारत में समस्त जनता का जीवन–स्तर १०० गुना श्रेष्ठतर बनाने के लिये कुशलतापूर्वक ढंग से किया जा सकता है.

प्रबन्धित राष्ट्रखण्डों में मूलभूत तथा अन्य सुविधाओं का परिकलन

भारत को लगभग ५० वर्ग कि. मी. क्षेत्र, लगभग २० हज़ार जनसंख्या तथा लगभग ४०० जनसंख्या घनत्व प्रत्येक के लगभग ६० हज़ार प्रबन्धित राष्ट्रखण्डों में विभाजित किया जाना चाहिए.

मौलिक रूपान्तरण कार्यक्रम में अन्तर्निहित तत्वों के अनुसारः–

१. प्रबन्धित राष्ट्रखण्ड संचालन

प्रत्येक प्रबन्धित राष्ट्रखण्ड में निम्नलिखित प्रशिक्षित कर्मचारियों सहित, कठोरतापूर्वक नियंत्रित तथा प्रेक्षित कार्यालयों की स्थापना

क. प्रबंधन के सारे क्षेत्र उदाहरणतः जन्म तथा मृत्यु के पंजीकरण तथा प्रमाणपत्र, पारपत्र इत्यादि

ख. शिक्षा, खेलकूद, आजीविका साधन, स्वास्थ्य, आवास, सुरक्षा तथा सेवानिवृत्ति–वेतन इत्यादि के विषयों में जनता की आवश्यकताएं

ग. मूलभूत सुविधाओं उदाहरणतः सड़कें, परिवहन, शिक्षा, खेलकूद, चिकित्सालयों, न्याय–सहायता, विद्युत, जल और गैस आदि के कार्यों की देखरेख

घ. राजस्व

ङ. पुलिस

च. स्वास्थ्य

छ. प्रदूषण

ज. कूड़ा

झ. यातायात

ञ. संस्कृति

ट. खेलकूद

ठ. विधायक

ड. सामान्य प्रबंधन समन्वयक

निम्नलिखित सूची में अंक प्रत्येक प्रबंधित राष्ट्रखण्ड में प्रयोज्य मात्रा को दर्शाते हैं. १ से कम संख्या का अर्थ है कि यह संख्या १ से अधिक प्रबंधित राष्ट्रखण्डों के लिये उपयुक्त है.

२. शून्य भ्रष्टाचार

क. उपर्युक्त लिखित १३ उत्तरदायी व्यक्ति कठोर निरीक्षण तथा नियंत्रण के लिये चलनशील चित्रित आभासी वैयक्तिक संजाल (मोबाइल वीडियो वी पी एन) प्रणाली द्वारा संयोजित. सामान्य

प्रबंधन समन्वयक सब गतिविधियों का समन्वयन, देखरेख, राष्ट्रीय संचालक समिति से संपर्क व कार्य प्रगति की सूचना देने तथा प्रतिपुष्टि के लिये.

३. नागरिक सेवा

क. प्रत्येक नागरिक की शिक्षा, स्वास्थ्य, परिवहन, खेलकूद इत्यादि की आवश्यकताओं को ध्यान में रखते हुए उनके उत्थान तथा उचित दिशा में उचित कार्यवाही के लिये उनके पूरे विवरण का एक राष्ट्रीय आंकड़ा आधार में लेखारोपण

४. शिक्षा

क. अत्योच्च कोटि के १० प्राथमिक तथा १० माध्यमिक शिक्षा विद्यालय

ख. १० उच्चस्तरीय महाविद्यालय

ग. ०.०३ विश्वविद्यालय

घ. पढ़ाई में पिछड़े विद्यार्थियों के लिये अतिरिक्त अध्ययन सहायता

ङ. नवीन ०.०१ भारतीय प्रौद्योगिक संस्थान, ०.०१ अखिल भारतीय चिकित्सा विज्ञान संस्थान, ०.०१ भारतीय प्रबंध संस्थान

च. ७ निम्न–माध्यमिक कुशलता के व्यावसायिक (तकनीकी व सामान्य) विद्यालय

छ. अस्थायी श्रमिकों के बच्चों के लिये शिशुसदन/विद्यालय

ज. बच्चों के लिये विदेशी/प्रांतीय भाषाओं की शिक्षा

झ. बच्चों के लिये योग शिक्षा

ञ. ३ पुस्तक/सी डी के पुस्तकालय, वाचनालय

ट. अंतर्विषयी अभियांत्रिकी शिक्षा – चिप प्रारूप + मेकैनिकल/चिकित्सा, आदि

५. परिवहन

क. वृक्ष, पुष्प, पृथक पैदलपथ एवं साईकिल पथ सहित श्रेष्ठतर सड़क अभिन्यास (पश्चिमी योरोप रीति की भांति)

ख. प्रत्येक प्रबन्धित राष्ट्रखण्ड के लगभग २० प्रतिशत क्षेत्र में नवीन सड़क अभिन्यास नियमों के अनुसार सड़कों का निर्माण

ग. तीव्र गति पथ, राष्ट्रीय पथ तथा स्थानीय पथ का सुविस्तृत संजाल

घ. अंतर्राष्ट्रीय स्तर की अत्यंत श्रेष्ठ बसों का प्रावधान

ङ. श्रेष्ठतर, प्रशिक्षित, विनम्र, सहायक बस कर्मचारी

च. प्रत्येक मार्ग की आवश्यकता के अनुसार ५ से १० गुना बस सेवा आवृत्ति में वृद्धि

छ. अल्पमूल्यिक एवं श्रेष्ठतर टैक्सी सेवा

ज. तिपहिया वाहन का लघु टैक्सी से प्रतिस्थापन

झ. व्यक्तियों द्वारा खींचे जाने वाले रिक्शा का मोटर रिक्शा से प्रतिस्थापन

ञ. व्यक्तिगत वाहनों का यातायात अति सीमित रखने के लिये कार्यालयों के कर्मचारियों के लिये उद्‌गम स्थान से गंतव्य स्थान तक विशेष परिवहन व्यवस्था

ट. समीप के राष्ट्रखण्डों के नगरों का आपस में तीव्र गति रेलगाड़ी संयोजन

ठ. नगरों के अंदर चलने वाले बैटरी–चालित वाहन

ड. ०.०१ विमानतल

ढ. नवीन अंतर्राष्ट्रीय विमानतल

६. यातायात

क. ४ भूमिगत/बहुतल १०० से १ हज़ार स्थान–वाले गाड़ी पड़ाव स्थल

ख. कठोर यातायात तथा गाड़ी संचालन नियम

ग. प्रत्येक आवासगृह को प्रदेशीय सड़क संजाल से जोड़ने के लिये लगभग १० वर्ग कि. मी. क्षेत्र में (५० वर्ग कि. मी. का २० प्रतिशत) सड़कों का निर्माण

घ. २०० पैदल पारपथ

ङ. व्यापक यातायात संकेतों का अंकन

च. सब सड़कों पर यातायात संकेतों का अंकन

छ. विशेष प्रशिक्षित तथा नियंत्रित यातायात पुलिस

ज. नियमित तथा कठोर गति नियंत्रण निरीक्षण

झ. नियमित तथा कठोर मद्यपान नियंत्रण निरीक्षण

७. स्वास्थ्य

क. १ अत्युत्तम चिकित्सालय

ख. ५० वर्ष से अधिक आयु के नागरिकों के लिये निःशुल्क चिकित्सक की घर जाकर स्वास्थ्य निरीक्षण की व्यवस्था (जोकि योरोप में भी नहीं है)

ग. अल्पमूल्यिक औषधियां

घ. रविवार, अवकाश के दिन तथा रात्रि में औषधि विक्रेता तथा चिकित्सक की उपलब्धता

ङ. शीघ्र तथा कुशल रुग्णवाहिनी सेवा

च. विकलांग, गंभीर व्याधिग्रस्त तथा वृद्ध जनता के लिये घर में सहायता का प्रावधान

छ. रोगनिवारण चिकित्सीय ज्ञान पुस्तिकाओं का निःशुल्क वितरण

८. आवासगृह

क. सभी परिवारों के लिये शौचालय सहित शालीन आवासगृह की व्यवस्था, कोई झुग्गी–बस्ती नहीं

ख. अनवरत २४–घंटे विद्युत, गैस, जल का प्रावधान

ग. सभी आवासगृहों का प्रदेशीय सड़क संजाल से संयोजन

घ. आर्थिक रूप से अशक्त जनता के लिये विशेष सामाजिक आवासगृह व्यवस्था

ङ. सामयिक श्रमिकों के लिये विशेष आवास व्यवस्था

९. खेलकूद

क. १० क्रीड़ा–संघ

ख. अंतःकक्षीय खेलों जैसे बैडमिंटन, वॉलीबाल, आदि के लिये २ क्रीड़ा–गृह

ग. १ उच्च वर्ग का क्रीड़ा विद्यालय

घ. १ एथलेटिक्स पथ

ङ. २ फुटबाल तथा हॉकी क्रीड़ा–स्थल

च. ५ से १० टेनिस मैदानों के २ टेनिस क्रीड़ा–स्थल

छ. ०.००२ ओलंपिक स्वर्ण पदक का लक्ष्य

ज. ०.०२ विश्व के सर्वश्रेष्ठ बैडमिंटन, टेनिस, टेबल टेनिस प्रत्येक के खिलाड़ी

झ. ०.००२ विश्व के सर्वश्रेष्ठ हॉकी, फुटबाल, वॉलीबाल, बास्केटबाल, व्यायाम, एथलेटिक प्रत्येक के दल

ञ. २ शारीरिक व्यायाम केंद्र

१०. दुर्घटना/आपदा निवारण/सहायता

क. सभी आवश्यक उपकरणों/सामग्री से सुसज्जित २ प्राकृतिक आपदा निवारण केंद्र

ख. सब रेलवे स्टेशनों, विमानतलों तथा सार्वजनिक स्थानों पर आपातकालीन सहायता

ग. सभी विद्युत् परिवहन तारें भूमिगत, कहीं भी कोई खुला नग्न विद्युत् परिवहन तार नहीं

घ. कहीं भी कोई खुला जलनिकास छिद्र नहीं

११. न्याय

क. अतिशीघ्र न्याय के लिये न्यायिक आधारिक संरचना, न्यायालयों, न्यायाधीशों, कर्मचारियों में १० से २० गुना वृद्धि

१२. संस्कृति

क. ४ संगीत विद्यालय भारतीय शास्त्रीय संगीत (भारतीय वाद्य यंत्र, उत्तरी/दक्षिणी/रवीन्द्र संगीत) पश्चिमी शास्त्रीय संगीत (पियानो, वायलिन, चेलो, ओबो, मैन्डोलिन तथा आर्केस्ट्रा) के लिये

ख. १०० से ८०० आसन वाले २ प्रेक्षागृह

ग. १ सर्वश्रेष्ठ सितार तथा बांसुरी वादक प्रत्येक

घ. ०.३ भारतीय शास्त्रीय संगीत आर्केस्ट्रा

ङ. १ विश्व का सर्वश्रेष्ठ पियानो, वायलिन, चेलो वादक प्रत्येक

च. ०.३ पश्चिमी शास्त्रीय संगीत आर्केस्ट्रा

१३. स्वच्छता

क. १०० अति स्वच्छ सार्वजनिक शौचालय

ख. अत्यंत स्वच्छ सार्वजनिक स्थान तथा सड़कें, किसी खुले स्थान पर कोई कूड़ा अथवा गन्दगी नहीं

१४. महंगाई नियंत्रण

क. २ अल्पमूल्यिक, विशाल, उच्च कोटि के विक्रय केंद्र

ख. १ दुग्धालय

१५. प्रशासन पारदर्शिता

क. शून्य भ्रष्टाचार तथा प्रशासन पारदर्शिता के लिये सभी प्रशासनिक वित्तीय कार्यसम्पादन तथा अनुबंधों की सूचना का इन्टरनेट पर सूचना प्रसारण प्रणाली के उपयोग द्वारा प्रसारण

१६. पर्यावरण

क. औद्योगिक अवशेष विन्यास नियंत्रण

ख. वाहन उत्सर्जन नियंत्रण

ग. कोलाहल प्रदूषण नियंत्रण

घ. ६ गुलाब तथा अन्य पुष्पवाटिकाएं

ङ. प्रचुर मात्रा में वृक्षारोपण

च. नदी प्रदूषण समाप्ति

१७. खरीददारी

क. २ विशाल व्यापारगृह

ख. दुकानों में निर्धारित मूल्य, मूल्य प्रदर्शन अनिवार्य

१८. सुरक्षा

क. जनता की सुरक्षा तथा सहायता के लिये पुलिस कर्मचारियों की संख्या में वृद्धि, जनसंख्या का लगभग ३ से ५ प्रतिशत पुलिस कर्मचारी, पुलिस कर्मचारियों का उचित एवं कठोर प्रशिक्षण, निरीक्षण तथा नियंत्रण

ख. महिलाओं की सुरक्षा के लिये विशेष ध्यान व उपाय – महिला पुलिस द्वारा दिन–रात भारी रखवाली

ग. तीनों सेनाओं के कर्मचारियों की संख्या जनसंख्या की ३ से ५ प्रतिशत

घ. न्याय व्यवस्था के कर्मचारियों की संख्या जनसंख्या की ५ प्रतिशत

१९. मनोरंजन

क. खेलकूद तथा संस्कृति दूरदर्शन

ख. ०.२ आमोद–प्रमोद तथा मनोरंजन केन्द्र

२०. सुखदायी जीवन

क. रात्रि वायुयान उड़ान व अवतरण समाप्ति

२१. कूड़ा व गन्दगी प्रबंधन

क. कुशल कूड़ा एकत्रीकरण तथा विन्यास प्रबंधन

ख. श्रेष्ठतर जलनिकास प्रणाली

ग. कूड़ा प्रबंधन के लिए जैविक अपघटनकारक पदार्थों का उपयोग

२२. सहायता केंद्र

क. यातायात, गैस, विद्युत, कूड़ा एकत्रीकरण, आदि सभी समस्याओं के समाधान तथा परिवादों के लिये सहायता केंद्र

२३. कार्यस्थल दशाएं

क. ४० घंटे प्रति सप्ताह का कार्य–समय

ख. कार्यरत शिशु सहित महिलाओं के लिये १० उच्च कोटि के बालगृह

२४. वृद्धावस्था सहायता

क. असहाय वृद्ध जनता के लिये उच्च कोटि के वृद्धावस्थागृह

२५. उर्जा

क. ५० से ७० प्रतिशत सौर्योर्जा

ख. नाभिकीय रिएक्टर

२६. अनुसन्धान केंद्र

क. जलवायु नियंत्रण

ख. अति सूक्ष्म नैनो तकनीक

ग. कृषि

घ. चिकित्सा – मलेरिया, कैंसर, एड्स

ङ. अति तीव्रगति रेल

च. महागणक

छ. संचार व्यवस्था

ज. घरेलू उपकरण

झ. स्वचालित उपकरण

ञ. अभिनव उत्पाद – काग़ज़ का विकल्प

ट. सुरक्षा उपकरण

ठ. चिकित्सा उपकरण

ड. भारी उद्योग यंत्र

ढ. नाभिकीय द्रवण–उर्जा तकनीक

२७. निर्वाचित जनप्रतिनिधियों की जनसभाएं

क. प्रत्येक शनिवार तथा रविवार को जनता से प्रतिपुष्टि एवं कार्यवाही के लिये निर्वाचित जनप्रतिनिधियों का जनसभाओं में जनता से वार्तालाप, स्पष्टीकरण, सुधार–सुझाव, विचार–विमर्श

२८. नवीन उद्योग

क. वायुयान उत्पादन

ख. अति तीव्र गति रेलगाड़ी उत्पादन

ग. महागणक उत्पादन

घ. निर्देश निर्मित चिप उत्पादन

२६. पूर्ण काला धन तथा कर–चोरी समाप्ति

क. ५ मुद्राकोष

ख. जनता के लिये निःशुल्क बैंक खाता तथा बैंक पत्रक

ग. सभी बड़े, मध्यम तथा छोटे व्यवसायों, दुकानों, तथा विक्रेताओं के लिये निरंतर कार्यरत भुगतान संजाल

घ. ५० निरंतर कार्यरत भुगतान सेवा सहायता केंद्र

ङ. सभी भुगतान केवल बैंक पत्रक द्वारा अनिवार्य

च. बैंक से केवल अधिकतम १ हज़ार रुपये नकद प्रति माह प्रत्येक परिवार के लिये निकालना सम्भव

३०. पोषण

क. खाद्य पदार्थों में मिलावट की पूर्ण समाप्ति

ख. २ अत्युत्तम कोटि के भोजनालय

३१. जल संसाधन

क. जल संकलन/शुद्धिकरण संजाल (नहर, जलाशय, उदीचन यंत्र द्वारा)

३२. संव्यावसायिक प्रवासन

क. आप्रवासी देश से संव्यावसायिक प्रवास क्षतिपूर्ति – प्रत्येक स्थाई भारतीय प्रवासी के लिये १० लाख यूरो तथा प्रत्येक अस्थाई भारतीय प्रवासी के लिये ५ लाख यूरो

१७

मुख्य प्रणालियां, उप–प्रणालियां व कार्यक्रम

मुख्य प्रणालियां, उप–प्रणालियां व कार्यक्रम

निम्नलिखित मुख्य प्रणालियां, उप–प्रणालियां तथा कार्यक्रम मौलिक रूपान्तरण कार्यक्रम के मूलभूत अनिवार्य तथा अभिन्न अंग हैं जिनके क्रियान्वयन से परम शीर्ष लक्ष्य की प्राप्ति होगी.

क. निष्पादन, निरीक्षण तथा नियंत्रण (नि. नि. नि) प्रणाली

१. निष्पादन (नि.) उप–प्रणाली

२. निरीक्षण तथा नियंत्रण (नि. नि.) उप–प्रणाली

३. नागरिक आंकड़ा आधार (ना. आं. आ.) उप–प्रणाली

४. चलनशील चित्रित आभासी वैयक्तिक संजाल (च. चि. आ. वै. सं.) उप–प्रणाली

ख. शून्य कालाधन तथा शून्य कर चोरी (शू. का. शू. क.) प्रणाली

ग. स्वचालित शून्य बाढ़/अकाल (स्व. शू. बा. अ.) प्रणाली

घ. नागरिक लोकतंत्र सहभागिता (ना. लो. स.) प्रणाली

ङ. स्वदेशी अनुसंधान, विकास, प्रारूप एवं उत्पादन (स्व. अ. वि. प्रा. उ.) कार्यक्रम

च. ग्रामीण रूपान्तरण (ग्रा. रू.) कार्यक्रम

उपर्युक्त मुख्य प्रणालियों, उप–प्रणालियों तथा कार्यक्रमों का विस्तृत वर्णन आगामी उप–अध्यायों में किया गया है.

१७क

निष्पादन, निरीक्षण तथा नियंत्रण (नि. नि. नि.) प्रणाली

निष्पादन, निरीक्षण तथा नियंत्रण (नि. नि. नि.) प्रणाली

यह मौलिक रूपान्तरण कार्यक्रम की मूलभूत केंद्रीय प्रणाली है क्योंकि सर्वस्व कार्य का निष्पादन इसी प्रणाली द्वारा संपन्न किया जाता है. निष्पादन के साथ उचित कार्य–व्यवस्था के लिये इसमें निरीक्षण तथा नियंत्रण भी सम्मिलित है. इसके अंतर्गत निम्नलिखित उप–प्रणालियां स्थित हैं.

निष्पादन (नि.) उप–प्रणाली

जिस प्रकार मानव शरीर में सभी कोशिकाएं, जोकि शरीर के विभिन्न अवयव बनाती हैं, उचित निरीक्षण, प्रतिपुष्टि तथा नियंत्रण प्रणाली सहित अपना नियत कार्य करती हैं, उसी प्रकार सम्पूर्ण देश को लगभग ५० वर्ग कि. मी. तथा लगभग २० हज़ार जनसंख्या वाले लगभग ६० हज़ार प्रबन्धित राष्ट्रखण्डों में विभाजित किया जायेगा. प्रत्येक प्रबन्धित राष्ट्रखण्ड में विभिन्न क्षेत्रों का कार्य निष्पादित करने के लिये १३ उत्तरदायी व्यक्तियों को सहायक कर्मचारियों सहित नियुक्त किया जायेगा (देखिये अध्याय १४ "मूलभूत कूटनीतिक रूपरेखा"). इनमें से १२ व्यक्ति सीधे प्रशासन द्वारा नियंत्रित मौलिक रूपान्तरण कार्यक्रम की सभी नीतियों का पालन करते हुए कार्य संपन्न करेंगे.

प्रत्येक उत्तरदायी व्यक्ति अपने निर्धारित क्षेत्र का निर्धारित कार्य अन्य उत्तरदायी व्यक्तियों से मिलजुल कर करेगा और अपने प्रबन्धित राष्ट्रखण्ड के नियत क्षेत्र के सब कार्यों का उत्तरदायित्व संभालेगा.

निरीक्षण तथा नियंत्रण (नि. नि.) उप–प्रणाली

जिस प्रकार मानव शरीर में मस्तिष्क शिरा संजाल से प्रतिपुष्टि तथा नियंत्रण द्वारा शरीर का निरीक्षण व नियंत्रण करता है, उसी प्रकार १३वें उत्तरदायी द्वारा सामान्य प्रबंधन समन्वयक संजाल के माध्यम से निरीक्षण, नियंत्रण तथा समन्वयन किया जाएगा. यह एक स्वाधीन संजाल के समान कार्य करेगा जिसके शीर्ष स्तर का संपर्क सीधे प्रशासन के निष्पादन उप–प्रणाली के शीर्ष स्तर से रहेगा. इस प्रकार निष्पादन उप–प्रणाली तथा निरीक्षण व नियंत्रण उप–प्रणाली एक दूसरे से मिलजुल कर परस्पर सामंजस्य से वांछित परम शीर्ष लक्ष्य की प्राप्ति के लिये कार्यरत होंगे.

नागरिक आंकड़ा आधार (ना. आं. आ.) उप–प्रणाली

समस्त नागरिकों का सम्पूर्ण आंकड़ा आधार, जिसमें सभी क्षेत्रों के कार्य सम्पादन के लिये नागरिकों के सम्बन्ध में सब सूचना उपलब्ध रहेगी, प्रबन्धित राष्ट्रखण्ड के अधिकृत अधिकारियों के लिये उपयुक्त साधन का कार्य करेगा.

चलनशील चित्रित आभासी वैयक्तिक संजाल (च. चि. आ. वै. सं.) उप–प्रणाली

प्रत्येक प्रबन्धित राष्ट्रखण्ड के विभिन्न क्षेत्रों के १३ उत्तरदायी व्यक्ति एक चलनशील चित्रित वैयक्तिक संजाल प्रणाली द्वारा आपस में, अन्य राष्ट्रखण्डों के १३ उत्तरदायी व्यक्तियों से तथा निरीक्षण तथा नियंत्रण संजाल के उच्च स्तर से निरंतर संपर्क, प्रतिपुष्टि, प्रगति विवरण सूचना तथा कार्यवाही के लिये संयोजित रहेंगे.

१७ख

शून्य कालाधन व शून्य करचोरी (शू. का. शू. क.) प्रणाली

शून्य कालाधन व शून्य करचोरी (शू. का. शू. क.) प्रणाली निरंतर कार्यरत भुगतान व्यवस्था द्वारा सम्पादित

भारत से कालेधन तथा करचोरी को शून्य कालाधन तथा शून्य करचोरी प्रणाली द्वारा पूर्णतया समाप्त किया जा सकता है. इस प्रणाली के लिये एक व्यापक, सुरक्षित और विश्वसनीय निरंतर कार्यरत भुगतान व्यवस्था की स्थापना की जानी चाहिए जिसमें ३० लाख निरंतर कार्यरत भुगतान सहायता केन्द्र तथा ३ लाख बैंक शाखाएं हों. यह सब लगभग २ वर्ष में आयोजित किया जा सकता है. इस प्रणाली की निम्नलिखित विशेषताएं हैंः–

१. सभी मुद्रा सम्बंधित कार्यसम्पादन केवल बैंक हस्तांतरण, बैंक ड्राफ्ट अथवा बैंक/कैश पत्रक द्वारा किये जायेंगे.

२. सभी विक्रेताओं, दुकानों, व्यवसायों को निरंतर कार्यरत भुगतान उपकरण, जोकि अत्यंत सुरक्षित और विश्वसनीय निरंतर कार्यरत वाईफाई भुगतान व्यवस्था से संयोजित रहेगा, का प्रयोग अनिवार्यरूप से करना होगा.

३. निरंतर भुगतान की सहायता के लिये ३० लाख निरंतर कार्यरत भुगतान सहायता केन्द्र

४. सम्पूर्ण भारत में लगभग न्यूनतम ३ लाख बैंक शाखाएं

५. सभी नागरिकों का बैंक खाता तथा मुद्रा भुगतान के लिये बैंक/कैश पत्रक अनिवार्य

६. सभी लघु/मध्यम/बड़े व्यवसायों के लिये बैंक खाता अनिवार्य

७. किसी भी बैंक खाताधारी को १ हज़ार रुपया प्रतिमाह से अधिक नकद रुपया निकालने की अनुमति नहीं

८. सभी वर्तमान नकद भुगतान बैंक/कैश पत्रक द्वारा सम्पादित करना अनिवार्य, आपातकालीन स्थिति में अत्यधिक लघु भुगतान नकद करने की अनुमति

९. सभी बैंक खातों के ५ हज़ार रुपये से अधिक सभी मुद्रा कार्यसम्पादन का करविभाग उत्तरदायी को सूचना

१०. एक न्यूनतम सीमाराशि से ऊपर के सभी बैंकखातों की जमाराशियों पर ५ प्रतिशत कर, उच्चतर जमाराशियों पर कर का प्रतिशत और अधिक

११. सभी कर नियमों का अल्पाय वर्ग की जनता के पक्ष में सुधार तथा करों की संख्या न्यूनतम, कर के लिये न्यूनतम आय की सीमा में गंभीर वृद्धि, उच्च आय (बैंक में जमाराशि) के लिये अधिक कर तथा अत्यधिक उच्च आय (बैंक में जमाराशि) के लिये अत्यधिक उच्च कर

शू. का. शू. क. प्रणाली के लाभः–

१. शून्य कालाधन अर्थात् भारतवर्ष में सम्पूर्ण कालेधन की समाप्ति

२. शून्य कर चोरी अर्थात् भारतवर्ष में सम्पूर्ण कर चोरी की समाप्ति

१७ग

स्वचालित शून्य बाढ़/अकाल (स्व. शू. बा. अ.) प्रणाली

स्वचालित जल संसाधन नियंत्रण के लिये स्वचालित शून्य बाढ़/अकाल (स्व. शू. बा. अ.) प्रणाली

सम्पूर्ण जल उपयोग के लिये सुविस्तृत नहर, जलाशय, उदीचन यंत्र सहित जल संकलन/शुद्धिकरण संजाल द्वारा उन्नत स्वचालित शून्य बाढ़/अकाल, शून्य पेयजल अभाव, शून्य नदीजल प्रदूषण प्रणाली

प्रत्येक वर्ष वर्षा ऋतु में भारी वर्षा के कारण देश के कई भागों में भयंकर बाढ़ आती है जिससे लाखों लोगों, जिनमें अधिकतर निर्धन व्यक्ति होते हैं जिनके पास कोई पक्का आवासगृह नहीं होता, को हानि होती है.

तत्पश्चात् जब वर्षा नहीं होती तो अकाल की स्थिति उत्पन्न होती है जिसमें पुनः निर्धन व्यक्ति ही कष्ट पाते हैं. इतनी अधिक नदियों तथा इतनी अधिक वर्षा के होते हुए हमें एक स्वचालित विशाल बाढ़/अकाल नियंत्रण प्रणाली का निर्माण करके प्राकृतिक सम्पदा का नागरिकों के हित तथा कल्याण के लिये उचित ढंग से उपयोग करना चाहिए. यह सम्पूर्ण भारत में उत्तर से दक्षिण तथा पूर्व से पश्चिम तक सब प्रधान नदियों के आयोजित संयोजन तथा नहर, जलाशय, उदीचन यंत्र सहित जल संकलन/शुद्धिकरण संजाल द्वारा एक उन्नत स्वचालित शून्य बाढ़/अकाल, शून्य पेयजल

अभाव, शून्य नदीजल प्रदूषण प्रणाली के निर्माण द्वारा निम्नलिखित ढंग से संपादित किया जा सकता है :–

क. सम्पूर्ण जल उपयोग एवं नियंत्रण की उन्नत विशिष्टताएं

यह स्वचालित नियंत्रण, मापन तथा निरीक्षण सहित आधुनिक, स्वचालित प्रणाली एक मौलिक, शक्तिशाली, विशाल जल नियंत्रण तथा उपयोग प्रणाली होगी. इसकी निम्न उन्नत विशेषताएं होंगी.

१. विस्तार क्षेत्र

इसमें निम्नलिखित सम्मिलित होंगे:–

– भारत की लगभग २०० से ३०० नदियों के लिये

– भारत के समस्त लगभग ३० लाख वर्ग कि. मी. क्षेत्र के लिये लाभदायक

२. आधारिक मूलभूत संरचना निर्माण

यह प्रणाली निम्न आधारिक मूलभूत संरचना को उपयोग में लायेगी जिसका निर्माण किया जाएगा :–

अ. नहर, जलाशय, उदीचन यंत्र सहित जल संकलन–शुद्धिकरण संजाल

निम्नलिखित नहरों, जलाशयों, उदीचन यंत्रों तथा जल शुद्धिकरण संयंत्रों के संजाल का निर्माण किया जाएगा:–

१. जल संग्रह के लिये जलाशय

२. नदियों के संयोजन का नहर संजाल

३. जलाशय निर्गम द्वार

४. नहर संयोजक द्वार

५. कृषि उपयोग के लिये नहर निर्गम द्वार

६. पेय जल शुद्धिकरण संयंत्र

७. जलनिकास/अशुद्ध/प्रदूषित जल का नदियों में मिलन का अवरोध

८. सब आवासगृहों तथा भवनों में पेयजल वितरण संजाल

आ. मापन तथा निरीक्षण संजाल

निम्नलिखित मापन तथा निरीक्षण संजाल का निर्माण किया जाएगा

१. वर्षा जलस्तर मापन

२. जल संग्रह जलाशयस्तर मापन

३. नदी जलस्तर मापन

४. नहर जलस्तर मापन

५. नदी जल शुद्धता मापन

३. नियंत्रण तथा निरीक्षण विशेषताएं

इस प्रणाली में निम्नलिखित स्वचालित नियंत्रण, मापन तथा निरीक्षण क्रियाविधियों का उपयोग किया जाएगा :–

अ. स्वचालित नियंत्रण

निम्नलिखित स्वचालित नियंत्रण का उपयोग किया जाएगा:–

१. नदी जलस्तर

२. वर्षाजल संग्रह के जलाशय

३. जल संग्रह जलाशय निर्गम द्वार का खुलना व बंद होना

४. नहरों में जल वितरण

५. नहर संयोजन द्वार का खुलना व बंद होना

आ. स्वचालित मापन तथा निरीक्षण

निम्नलिखित मापन तथा निरीक्षण का उपयोग किया जाएगा:–

१. वर्षा जलस्तर

२. नदी जलस्तर

३. जल संग्रह जलाशयस्तर

४. नहर जलस्तर

५. नदी जल शुद्धतास्तर

४. संख्यात्मक आधारिक संरचना विश्लेषण

निम्नलिखित संख्यात्मक विश्लेषण आवश्यक आधारिक संरचना की अनुमानित राशि निर्धारण के लिये है :–

अ. नहर, जलाशय, उदीचन यंत्र सहित जल संकलन/शुद्धिकरण संजाल की आधारिक संरचना का निर्माण

नहर, जलाशय, उदीचन यंत्र तथा जल शुद्धिकरण संयंत्र की अनुमानित आधारिक संरचना इस प्रकार है :–

१. भूमिगत जल संग्रह जलाशय – लगभग २० हज़ार

२. जल संग्रह जलाशय निर्गम द्वार – लगभग ५० हज़ार

३. पेयजल शुद्धिकरण संयंत्र – लगभग २० हज़ार

४. अशुद्ध/जलनिकास जल शुद्धिकरण संयंत्र – लगभग २० हज़ार

५. नहर वितरण संजाल – लगभग २ से ३ लाख वर्ग कि. मी.

६. नहर संयोजन द्वार – लगभग १ से २ लाख

७. समस्त आवासगृहों तथा भवनों के लिये पेयजल वितरण संजाल – लगभग ३० करोड़ आवासगृह/भवन

आ. मापन तथा निरीक्षण संजाल

मापन तथा निरीक्षण संजाल की अनुमानित आवश्यकता इस प्रकार है :–

१. वर्षा जलस्तर मापन स्थल – लगभग १० हज़ार

२. नदी जलस्तर मापन स्थल – लगभग २० हज़ार

३. जल संग्रह जलाशयस्तर मापन स्थल – लगभग २० हज़ार

४. नहर जलस्तर मापन स्थल – लगभग ५० हज़ार

५. नदी जल शुद्धतास्तर मापन स्थल – लगभग १० हज़ार

ख. लाभ

यह प्रणाली सुनिश्चित रूप से निम्नलिखित विशाल लाभ प्रदान करेगी :–

१. बाढ़/अकाल की पूर्णतया समाप्ति

२. शून्य पेयजल अभाव – समस्त आवासगृहों तथा भवनों में २४ घंटे जल की उपलब्धता

३. कृषि के लिये सर्वत्र पर्याप्त मात्रा में जल की उपलब्धता

४. नदियों के जल का शून्य प्रदूषण

५. बाढ़ से समस्त नागरिकों के जीवन तथा संपत्ति की सुरक्षा, विशेषतः निर्धन जनता क्योंकि बाढ़ की पूर्ण समाप्ति

६. बाढ़ तथा अकाल की पूर्ण समाप्ति के कारण कृषि उपज की हानि न होने से मूल्यों में वृद्धि की समाप्ति

७. नदियों के जल प्रदूषण की समाप्ति से नदियों के जल की शुद्धता

१७घ

नागरिक लोकतंत्र सहभागिता (ना. लो. स.) प्रणाली

नागरिक लोकतंत्र सहभागिता (ना. लो. स.) प्रणाली

वास्तविक लोकतंत्र, जिसमें जनता यथार्थ में प्रशासनिक पद्धतियों के निष्पादन व नियंत्रण में सम्मिलित हो, को अपनाने तथा इस की प्राप्ति के लिये नागरिक लोकतंत्र सहभागिता प्रणाली, जिसकी निम्नलिखित उप–प्रणालियां होंगी, स्थापित की जायेगी.

साप्ताहिक जनसभा प्रतिपुष्टि तथा कार्यवाही (सा. ज. प्र. का.) उप–प्रणाली

वास्तविक लोकतंत्र, जिसमें जनता यथार्थ में प्रशासनिक पद्धतियों के निष्पादन व नियंत्रण में सम्मिलित हो, को अपनाने तथा इस की प्राप्ति के लिये प्रत्येक प्रबन्धित राष्ट्रखण्ड में नियमित रूप से निर्वाचित जन–प्रतिनिधियों की जनता के साथ जन–सभाएं आयोजित की जाएंगी. इन सभी सभाओं के वार्तालाप तथा विचार–विमर्श का विवरण, आवश्यक कार्यवाही, निष्पादन तथा प्रगति आदि का विवरण साप्ताहिक जनसभा प्रतिपुष्टि तथा कार्यवाही उप–प्रणाली द्वारा इंटरनेट पर वाचन के लिये उपलब्ध रहेगा. इस प्रकार सभी नागरिक अपने सुझावों, परिवादों आदि पर की गई व/या की जा रही कार्यवाही की प्रगति को इंटरनेट पर देख सकेंगे.

नागरिक आवश्यकता निवेदन (ना. आ. नि.) उप–प्रणाली

इस उप–प्रणाली द्वारा सब नागरिक अपने प्रबन्धित राष्ट्रखण्ड, ग्राम, नगर, प्रदेश अथवा राष्ट्रीय स्तर की किसी भी आवश्यकता एवं विषय के सम्बन्ध में प्रकाशन द्वारा ज्ञापन दे सकते हैं. ये ज्ञापन प्रबन्धित राष्ट्रखण्ड के सामान्य प्रबंधक समन्वयक द्वारा आवश्यक कार्यवाही के समन्वयन के लिये निरंतर देखे जायेंगे. सभी कार्यवाहियों के विवरण सम्बद्ध प्राधिकारी द्वारा उप–प्रणाली में प्रविष्ट किये जायेंगे जिससे जनता उन्हें देख सकेगी.

नागरिक परिवाद (ना. प.) उप–प्रणाली

इस उप–प्रणाली में सब नागरिक किसी भी क्षेत्र के किसी भी अधिकारी के विरुद्ध कोई भी वैध परिवाद की प्रविष्टि कर सकेंगे. ये ज्ञापन प्रबन्धित राष्ट्रखण्ड के सामान्य प्रबंधक समन्वयक द्वारा आवश्यक कार्यवाही के समन्वयन के लिये निरंतर देखे जायेंगे. सभी कार्यवाहियों के विवरण सम्बद्ध प्राधिकारी द्वारा उप–प्रणाली में प्रविष्ट किये जायेंगे जिससे जनता उन्हें देख सकेगी.

१७ङ

स्वदेशी अनुसंधान, विकास, प्रारूप एवं उत्पादन (स्व. अ. वि. प्रा. उ.) कार्यक्रम

स्वदेशी अनुसंधान, विकास, प्रारूप एवं उत्पादन (स्व. अ. वि. प्रा. उ.) कार्यक्रम

भारतीय प्रतिभा तथा भारतीय प्रौद्योगिक संस्थानों की क्षमता तथा कुशलता के अवमूल्यन तथा अनुपयोग के स्थान पर उचित उपयोग

मानवीय प्रतिभा एक ऐसा क्षेत्र है जहाँ भारत में अत्यंत अवमूल्यित तथा विशाल अनुपयोगित क्षमता उपलब्ध है. इस प्रचुर मात्रा में उपलब्ध संसाधन का इतने शोचनीय ढंग से अपव्यय किया गया है कि विश्व में इस क्षेत्र के ऐसे विराट प्राचुर्य तथा साथ–साथ इतने विशाल अनुपयोग व अपव्यय का अन्य कोई उदाहरण उपलब्ध नहीं है. अपव्यय सर्वप्रथम इस प्रतिभा को विकसित होने के लिये पर्याप्त सुयोग न उपलब्ध कराकर किया जाता है. द्वितीय स्थान पर जो भी प्रतिभा विकसित हो पाती है उसका एक महत्वपूर्ण भाग विकसित देशों को निःशुल्क प्रशिक्षित एवं अनुभवी संव्यावसायिक प्रवास के रूप में दान में दे दिया जाता है जिसके फलस्वरूप ये आप्रवासी देश भारतीय प्रशासन को बिना एक रुपया भी दिए हुए तथा अपने देश में प्रतिभा क्षमता को विकसित एवं निर्मित करने के लिये एक डॉलर भी खर्च किये बिना भारत की इस निःशुल्क उदारता व दान का असीमित

लाभ उठाते हैं. तृतीय स्थान पर भारत में जो शेष विशाल प्रतिभा बची रह जाती है उसका उचित ढंग से उपयोग करने के लिये कोई उचित सुयोग उत्पन्न न कर इसका भी अवमूल्यन तथा अनुपयोग किया जाता है.

भारतीय प्रौद्योगिक संस्थान अनुपयोगित प्रतिभा तथा क्षमता का विशाल संग्रहकोष है तथा इसके साथ ही विकसित देशों में भारतीय प्रतिभा के पलायन के रूप में विदेशों को निःशुल्क संसाधन दान में देने द्वारा अति कुशल, सक्षम व सुयोग्य मानवीय संसाधन से भारत को वंचित करने का विशालतम स्रोत है.

हमें उत्कृष्ट, भव्य, आश्चर्यजनक, उच्च कोटि के, नवप्रवर्तनशील विचारों, जिनसे १२० करोड़ भारतीय जनता का भाग्य श्रेष्ठतम दिशा में परिवर्तित किया जा सकता है तथा जिनसे देश में उपलब्ध प्रतिभा की योग्यता व क्षमता का उपयोग भारत को एक संतुलित विकसित देश बनाने में किया जा सकता है, को प्रोत्साहित करना चाहिए तथा उन का उपयोग करना चाहिए.

देश में उपयोग तथा विदेशों में विक्रय के लिये स्वदेशी अनुसंधान, विकास, प्रारूप एवं उत्पादन कार्यक्रम

भारतीय प्रौद्योगिक संस्थानों में उपलब्ध प्रतिभा को पूर्णतया अथवा न्यूनतम आंशिक रूप से उपयोग में लाने के लिये निम्नलिखित स्वदेशी अनुसंधान, विकास, प्रारूप एवं उत्पादन कार्यक्रम क्रियान्वित किया जाना चाहिए.

प्रथम चरण :– उद्योगों, भारतीय प्रौद्योगिक संस्थानों, शीर्ष विश्वविद्यालयों, शीर्ष अभियांत्रिकी महाविद्यालयों तथा चिकित्सक संस्थानों के सहयोग से अग्रलिखित क्षेत्रों में अत्यंत उन्नत अनुसन्धान केंद्र स्थापित किये जाने चाहिए – ऊर्जा, सूचना तथा संचार तकनीक, स्वास्थ्य / चिकित्सा, औषधि विज्ञान, वैमानिकी, परिवहन (सड़क, रेल, वायु), जैव–प्रौद्योगिकी, कृषि, सुरक्षा, प्रज्ञ प्रणाली, भारी उद्योग, अर्धचालक / नैनो–तकनीक.

द्वितीय चरण – भारतीय प्रौद्योगिक संस्थानों को निम्न–निर्धारित समय सीमा में निम्नलिखित उन्नत, उच्च–तकनीक के यंत्रों व उपकरणों के अनुसन्धान, विकास, प्रारूप तथा परीक्षण की सहायता कार्य करने का उत्तरदायित्व दिया जाना चाहिए :–

१. ल४४ युद्धयान (फ२२ से दुगुनी क्षमता वाले), उन्नत रडार तथा वर्तमान उच्च तकनीक से अधिक उन्नत सभी रक्षा सामग्री उदाहरणार्थ हेलीकॉप्टर, पनडुब्बी, टैंक, प्रक्षेपास्त्र, वायुयानवाहक जलयान तथा अन्य – ८ वर्ष

२. ६०० किमी. प्रति घंटा की तीव्रगति वाली रेलगाड़ी, कश्मीर से कन्याकुमारी तथा अमृतसर से इंफाल तक की यात्रा प्रत्येक ५ घंटों में – ८ वर्ष

३. नवीन वायु यात्रा प्रणाली जिससे दिल्ली से संसार के किसी भी स्थान की यात्रा ४ घंटे में सम्भव हो – ८ वर्ष

४. ब्रह्मांड में अन्य सौर्य–मंडल की मानवीय अंतरिक्ष प्रयोगशाला द्वारा खोज – १० वर्ष

५. नाभिकीय संघटन ऊर्जा – ८ वर्ष

६. प्रकाशिक प्रणाली द्वारा संचार व्यवस्था के स्विचिंग उपकरण– ५ वर्ष

७. भारतीय महागणक – ५ वर्ष

८. अभिनव उत्पाद उदाहरणतः चक्रवात निवारण, जलवायु नियन्त्रण– १० वर्ष

९. भारतीय उच्च कोटि की कार, सुविधापूर्ण बस – ४ वर्ष

१०. विश्व का विशालतम पृथ्वी पर तथा अंतरिक्ष में नक्षत्रदर्शक यन्त्र – ८ वर्ष

११. सूक्ष्म एवं अति सूक्ष्म चिप अवयवों का विकास तथा उत्पादन– ४ वर्ष

१२. वर्तमान उच्च तकनीक से अधिक उन्नत सभी अत्याधुनिक चिकित्सा यन्त्रों एवं उपकरणों का विकास तथा उत्पादन – ५ वर्ष

१३. सभी भारी औद्योगिक यन्त्रों जैसे सड़क निर्माण, भारोत्तोलन, गणक नियन्त्रित संख्यात्मक यन्त्रादि का विकास एवं उत्पादन– ८ वर्ष

१४. उपभोक्ता इलेक्ट्रॉनिक उपकरण – ८ वर्ष

१५. स्वचालित यन्त्रों सहित जल संकलन/निकास संजाल द्वारा विस्तृत बाढ़ एवं अकाल नियन्त्रण प्रणाली तथा मौसम (कोहरा/वर्षा/आँधी/आर्द्रता) नियन्त्रण प्रणाली – ८ वर्ष

तृतीय चरण – उपर्युक्त लिखित अनुसन्धान व विकास केन्द्रों द्वारा विकसित उत्पादों का उत्पादन भारत में अपने देश में उपयोग तथा विदेशों में विक्रय के लिये करना चाहिए. इन उपकरणों तथा यंत्रों के विक्रय द्वारा अर्जित धन समस्त नागरिकों के हित एवं कल्याण के लिये उपयोग में लाना चाहिए.

उपर्युक्त लिखित गतिविधियों का सम्पादन करने के लिये शिक्षा की महत्त्वपूर्ण आवश्यकता है क्योंकि शिक्षा से ही समस्त नागरिकों की कार्यक्षमता में वृद्धि हो सकती है. भारतवर्ष में लगभग ५० करोड़ युवकों/युवतियों को सभी स्तरों पर सर्वोत्तम शिक्षा सुविधाएं उपलब्ध कराना नितांत आवश्यक है. इसके लिये सभी क्षेत्रों में उच्च कोटि के सर्वश्रेष्ठ संस्थानों, महाविद्यालयों, विश्व–विद्यालयों तथा विद्यालयों की अत्यंत आवश्यकता है. यदि सभी युवाओं के लिये उच्च कोटि की शिक्षा सुविधाएं प्रचुर मात्रा में उपलब्ध हों तो किसी भी प्रकार के जाति आदि के आधार पर आरक्षण की कोई आवश्यकता नहीं रहेगी. अध्याय १० "असाधारण परम लक्ष्य" में आवश्यक शिक्षा सुधारों के सम्बन्ध में विवरण देखिये.

मुख्य महत्त्वपूर्ण लाभ

उपर्युक्त लिखित स्व. अ. वि. प्रा. उ. कार्यक्रम की समस्त योजनाओं से उच्च उत्पादकता तथा उच्च उपयोगिता के करोड़ों आजीविका साधन के सुयोग उत्पन्न होंगे जिससे विदेशों में भारतीय प्रतिभा पलायन की समाप्ति होगी. इसके साथ ही भारत निःशुल्क प्रतिभा के निर्यात तथ अत्युच्च मूल्य पर विदेशों से खरीदे गये यंत्रों तथा उपकरणों के आयात के स्थान पर उच्च तकनीक के यंत्रों तथा उपकरणों का निर्यातक बनेगा जिससे भारतीय रुपये के मूल्य में अपूर्व वृद्धि एवं उन्मूल्यन होगा. साथ ही भारतवासियों के जीवनस्तर में महत्त्वपूर्ण सुधार से उनका जीवनस्तर अत्यधिक उच्चतर एवं श्रेष्ठतर कोटि का हो जायेगा.

१७च

ग्रामीण रूपान्तरण (ग्रा. रू.) कार्यक्रम

ग्रामीण रूपान्तरण (ग्रा. रू.) कार्यक्रम

प्रगतिशील भारत के लिये निम्नलिखित कार्यों के संपादन द्वारा भारतीय ग्रामों का रूपान्तरण अत्यावश्यक है :–

१. लगभग ५० वर्ग कि. मी. क्षेत्रफल के ३–४ निकटस्थ ग्रामों का चयन

२. सभी परिवारों के लिये २४ घन्टे विद्युत, जल तथा गैस सहित, शौचालय, सड़क तथा प्रकाशिक ब्रॉडबैंड से जुड़े सुखदायी, आधुनिक पक्के आवासगृहों का निर्माण जिनमें वातानुकूलन का प्रावधान

३. सभी ग्राम निवासियों के कच्चे घरों को खरीद कर उन्हें नवीन गृहों का या तो सुलभ ऋण या किराये पर प्रदान

४. बच्चों के लिये आधुनिक सुविधाओं जैसे संगणक, दूरदर्शन चित्रपट सहित ५ प्राथमिक शिक्षा विद्यालयों, ५ माध्यमिक शिक्षा विद्यालयों, युवाओं तथा युवतियों के लिये २ निम्न/माध्यमिक कुशलता के व्यावसायिक (तकनीकी व सामान्य) विद्यालयों तथा १ महाविद्यालय का निर्माण, आवश्यक अध्यापन/सहायक कर्मचारियों की नियुक्ति

५. अंतःकक्षीय खेलों जैसे बैडमिंटन, वॉलीबाल, योग आदि के लिये २ क्रीड़ा–गृहों, ५ फुटबाल तथा हॉकी क्रीड़ा–स्थलों, १ एथलेटिक्स पथ, २ जिमगृहों, १० टेनिस मैदानों के २ टेनिस क्रीड़ा–स्थलों, २ शारीरिक व्यायाम केन्द्रों का निर्माण. नियमित खेलकूद गतिविधियों का आयोजन

६. आवश्यक खेलकूद अध्यापकों सहित १ उच्च वर्ग क्रीड़ा विद्यालय का निर्माण

७. २ संगीत विद्यालय भारतीय शास्त्रीय संगीत (भारतीय वाद्य यंत्र, उत्तरी/दक्षिणी/रवीन्द्र संगीत) तथा पश्चिमी शास्त्रीय संगीत (पियानो, वायलिन, चेलो, ओबो, मैन्डोलिन तथा आर्केस्ट्रा) के लिये. सभी विषयों के लिये प्रशिक्षित अध्यापकों की नियुक्ति

८. आयुर्वेद सुविधाओं, आधुनिक उपकरणों तथा चिकित्सा के विभिन्न क्षेत्रों की विशेष सुविधाओं सहित १ अत्युत्तम चिकित्सालय का निर्माण, विशेष चिकित्सकों तथा कर्मचारियों की नियुक्ति

९. कार्यरत शिशु सहित महिलाओं के लिये १० उच्च कोटि के बालगृहों का निर्माण

१०. सभी उपर्युक्त लिखित कर्मचारियों – प्राथमिक/माध्यमिक/व्यावसायिक/संगीत/खेलकूद विद्यालयों के अध्यापक, चिकित्सालय कर्मचारी/चिकित्सक आदि – के लिये २४ घन्टे विद्युत, जल तथा गैस सहित, शौचालय, सड़क तथा प्रकाशिक ब्रॉडबैंड से जुड़े सुखदायी, आधुनिक पक्के आवासगृहों का निर्माण जिनमें वातानुकूलन का प्रावधान हो।

११. १ विशाल व्यापार गृह का निर्माण

१२. १ आधुनिक भोजनालय सहित विशाल विक्रय केंद्र का निर्माण

१३. १ दुग्धालय का निर्माण

१४. २ मध्यम उद्योगों की स्थापना, उदाहरणतः आयुर्वेद उत्पादों का उत्पादन

१५. १० पुष्पवाटिकाओं जिनमें २ गुलाबपुष्पों की वाटिकाएं तथा १ आमोद–प्रमोद व मनोरंजन केन्द्र का निर्माण

१६. २ अग्निशमन तथा आपातकालीन सहायता के लिये प्राकृतिक आपदा निवारण केन्द्रों का निर्माण

१७. रेल संजाल से संयोजित १ आधुनिक रेलवे स्टेशन का निर्माण

१८. समस्त आवासगृहों, विद्यालयों, क्रीड़ा–स्थलों, क्रीड़ा गृहों, चिकित्सालय, विक्रय केंद्र, व्यापार गृह, पुष्पवाटिकाओं, आपदा सहायता केन्द्रों, उद्योगों, आमोद–प्रमोद तथा मनोरंजन केन्द्र, रेलवेस्टेशन, कार्यालयों आदि तथा निकटस्थ ग्रामों व नगरों का सड़कों से संयोजन

१६. आधुनिक बसों द्वारा समस्त आवासगृहों, विद्यालयों, क्रीड़ा–स्थलों, क्रीड़ा गृहों, चिकित्सालय, विक्रय केंद्र, व्यापार गृह, पुष्पवाटिकाओं, आपदा सहायता केन्द्रों, उद्योगों, आमोद–प्रमोद तथा मनोरंजन केन्द्र, रेलस्टेशन, कार्यालयों आदि तथा निकटस्थ ग्रामों व नगरों के लिये परिवहन सेवा

२०. ३ भूमितल विशाल वर्षाजल संग्रह के लिये जलाशयों का निर्माण, वर्षाजल ग्रहण करने के लिये नलिकाओं द्वारा जलाशयों से संयोजित कीप आकार की संरचना का निर्माण

२१. भूमितल जलाशयों से जल ग्रहण करने के लिये उनसे संयोजित १ जल शुद्धिकरण संयंत्र का निर्माण

२२. शुद्ध जल संग्रह के लिये जल शुद्धिकरण संयंत्र से संयोजित जलाशय का निर्माण

२३. शुद्ध जल संग्रह के जलाशय से समस्त आवासगृहों तथा भवनों में शुद्धजल वितरण के लिये जल वितरण संजाल का निर्माण

२४. निम्नलिखित विभागों के लिये १३ उत्तरदायी व्यक्तियों की नियुक्ति तथा उनके लिये कार्यालयों का निर्माण :–

क. प्रबंधन के सारे क्षेत्र उदाहरणतः जन्म तथा मृत्यु के पंजीकरण तथा प्रमाणपत्र, पारपत्र इत्यादि

ख. शिक्षा, खेलकूद, आजीविका साधन, स्वास्थ्य, आवास, सुरक्षा तथा सेवानिवृत्ति–वेतन इत्यादि के विषयों में जनता की आवश्यकताएं

ग. मूलभूत सुविधाओं उदाहरणतः सड़कें, परिवहन, शिक्षा, खेलकूद, चिकित्सालयों, न्याय–सहायता, विद्युत, जल और गैस आदि के कार्यों की देखरेख

घ. राजस्व

ङ. पुलिस

च. स्वास्थ्य

छ. प्रदूषण

ज. कूड़ा

झ. यातायात

ञ. संस्कृति

ट. खेलकूद

ठ. विधायक

ड. सामान्य प्रबंधन समन्वयक

२५. प्रत्येक ग्रामवासी की शिक्षा, स्वास्थ्य, परिवहन, खेलकूद इत्यादि की आवश्यकताओं को ध्यान में रखते हुए उनके उत्थान तथा उचित दिशा में उचित कार्यवाही के लिये उनके पूरे विवरण – आर्थिक, शैक्षिक, व्यावसायिक, आदि – का आंकड़ा आधार में लेखारोपण

२६. जनसंख्या के लगभग ४ प्रतिशत विनम्र, सहायक, प्रशिक्षित, उपकरणों से सुसज्जित पुलिस कर्मचारियों का प्रावधान

२७. सभी आवासगृहों तथा उपर्युक्त लिखित भवनों में विद्युत पंहुचाने के लिये सौर्योर्जा केंद्र का निर्माण

२८. २ पुस्तक/सी डी के पुस्तकालयों/वाचनालयों का निर्माण

२६. १०० से ८०० आसन वाले २ प्रेक्षागृहों का निर्माण

३०. २० अति स्वच्छ सार्वजनिक शौचालयों का निर्माण

३१. कुशल कूड़ा एकत्रीकरण तथा विन्यास प्रबंधन का प्रावधान

३२. ५ मुद्राकोषों का निर्माण जिनमें सभी ग्रामवासियों के लिये निःशुल्क खाता खोलने तथा बैंक पत्रक की सुविधा

३३. सभी बड़े, मध्यम तथा छोटे व्यवसायों, दुकानों, तथा विक्रेताओं के लिये निरंतर कार्यरत भुगतान संजाल का निर्माण, सभी भुगतान केवल बैंक पत्रक द्वारा अनिवार्य, बैंक से केवल अधिकतम १ हज़ार रुपये नकद प्रति माह प्रत्येक परिवार के लिये निकालना सम्भव

३४. प्रत्येक शनिवार तथा रविवार को जनता से प्रतिपुष्टि एवं कार्यवाही के लिये निर्वाचित जनप्रतिनिधियों का जनसभाओं में जनता से वार्तालाप, स्पष्टीकरण, सुधार सुझाव, विचार–विमर्श

३५. मौलिक रूपान्तरण कार्यक्रम की सभी प्रणालियों, उप–प्रणालियों, कार्यक्रमों से संघटन

१८

नियत कार्य सूची

नियत कार्य सूची

विभिन्न स्तरों – राष्ट्रीय, प्रादेशिक, राजधानी – के नियत कार्यों की सूची मौलिक रूपान्तरण कार्यक्रम पर आधारित है तथा सम्पूर्ण राष्ट्र, दिल्ली एवं उत्तर प्रदेश के लिये अग्रिम उप–अध्यायों में प्रस्तुत की गई है.

१८क

भारत कार्यक्रम के नियत कार्य

भारत कार्यक्रम के नियत कार्य

भारत का मौलिक रूपान्तरण कार्यक्रम राष्ट्रीय–स्तर पर कार्यान्वयन के लिये शीर्ष–स्तर का कार्यक्रम है. इस कार्यक्रम का वर्णन उपर्युक्त लिखित अध्यायों में किया गया है तथा इसका परम लक्ष्य सम्पूर्ण भारत में समस्त जनता का जीवन–स्तर १०० गुना श्रेष्ठतर बनाकर भारत का स्थान संयुक्त राष्ट्रसंघ की लगभग १६० देशों की मानवीय विकास सूची में वर्तमान १३५वें से शीर्ष १० देशों में प्रतिस्थापित करना है.

यह कार्यक्रम भारत के अग्रलिखित पक्षों को ध्यान में रखकर बनाया गया है – वर्तमान धरातल क्षेत्रफल (लगभग ३० लाख वर्ग कि. मी.), वर्तमान जनसंख्या (लगभग १२० करोड़), जनसंख्या घनत्व (जनसंख्या प्रति वर्ग कि. मी. लगभग ४००)

सब निम्नस्तरीय कार्यक्रम इस पर आधारित हैं.

भारत कार्यक्रम में निहित तत्व

१. प्रबन्धित राष्ट्रखण्ड

भारत को लगभग ५० वर्ग कि. मी. के लगभग ६० हज़ार प्रबन्धित राष्ट्रखण्डों में विभाजित किया जाएगा. प्रत्येक प्रबन्धित राष्ट्रखण्ड में प्रशिक्षित कर्मचारियों सहित कठोरतापूर्वक निरीक्षित निम्नलिखित कार्यालयों की स्थापना की जायेगी :–

क. प्रबंधन के सारे क्षेत्र उदाहरणतः जन्म तथा मृत्यु के पंजीकरण तथा प्रमाणपत्र, पारपत्र इत्यादि

ख. सामाजिक सेवा – शिक्षा, खेलकूद, आजीविका साधन, स्वास्थ्य, आवास, सुरक्षा तथा सेवानिवृत्ति–वेतन इत्यादि के विषयों में जनता की आवश्यकताएं

ग. मूलभूत सुविधाओं उदाहरणतः सड़कें, परिवहन, शिक्षा, खेलकूद, चिकित्सालयों, न्याय–सहायता, विद्युत, जल और गैस आदि के कार्यों की देख–रेख

घ. राजस्व

ङ. पुलिस

च. स्वास्थ्य

छ. प्रदूषण

ज. कूड़ा

झ. यातायात

ञ. संस्कृति

ट. खेलकूद

ठ. विधायक

ड. सामान्य प्रबंधन समन्वयक

२. पूर्ण भ्रष्टाचार समाप्ति

क. उपर्युक्त लिखित १३ उत्तरदायी व्यक्ति कठोर निरीक्षण तथा नियंत्रण के लिये चलनशील चित्रित आभासी वैयक्तिक संजाल (मोबाइल वीडियो वी पी एन) प्रणाली द्वारा संयोजित.

३. नागरिक सेवा

क. प्रत्येक नागरिक की शिक्षा, स्वास्थ्य, परिवहन, खेलकूद इत्यादि की आवश्यकताओं को ध्यान में रखते हुए उनके उत्थान तथा

उचित दिशा में उचित कार्यवाही के लिये उनके पूरे विवरण का एक राष्ट्रीय आंकड़ा आधार में लेखारोपण

४. शिक्षा

क. अत्योच्च कोटि के ६ लाख प्राथमिक तथा ६ लाख माध्यमिक शिक्षा विद्यालय

ख. ६ लाख उच्चस्तरीय महाविद्यालय

ग. १,५०० विश्वविद्यालय

घ. पढ़ाई में पिछड़े विद्यार्थियों के लिये अतिरिक्त अध्ययन सहायता

ङ. नवीन २०० भारतीय प्रौद्योगिक संस्थान, २०० अखिल भारतीय चिकित्सा विज्ञान संस्थान, २०० भारतीय प्रबंध संस्थान

च. ३.५ लाख निम्न/माध्यमिक कुशलता के व्यावसायिक (तकनीकी व सामान्य) विद्यालय

छ. अस्थायी श्रमिकों के बच्चों के लिये शिशुसदन/विद्यालय

ज. बच्चों के लिये विदेशी/प्रांतीय भाषाओं की शिक्षा

झ. बच्चों के लिये योग शिक्षा

ञ. १.५ लाख पुस्तक/सी डी के पुस्तकालय/वाचनालय

ट. अंतर्विषयी अभियांत्रिकी शिक्षा – चिप प्रारूप + मेकैनिकल/चिकित्सा, आदि

५. परिवहन

क. वृक्ष, पुष्प, पृथक पैदलपथ एवं साईकिल पथ सहित श्रेष्ठतर सड़क अभिन्यास (पश्चिमी योरोप रीति की भांति)

ख. प्रत्येक प्रबन्धित राष्ट्रखण्ड के लगभग २० प्रतिशत क्षेत्र में नवीन सड़क अभिन्यास नियमों के अनुसार सड़कों का निर्माण

ग. तीव्र गति पथ, राष्ट्रीय पथ तथा स्थानीय पथ का सुविस्तृत संजाल

घ. अन्तर्राष्ट्रीय स्तर की अत्यंत श्रेष्ठ बसों का प्रावधान

ङ. श्रेष्ठतर, प्रशिक्षित, विनम्र, सहायक बस कर्मचारी

च. प्रत्येक मार्ग की आवश्यकता के अनुसार ५ से १० गुना बस सेवा आवृत्ति में वृद्धि

छ. अल्पमूल्यिक एवं श्रेष्ठतर टैक्सी सेवा

ज. तिपहिया वाहन का लघु टैक्सी से प्रतिस्थापन

झ. व्यक्तियों द्वारा खींचे जाने वाले रिक्शा का मोटर रिक्शा से प्रतिस्थापन

ञ. व्यक्तिगत वाहनों का यातायात अति सीमित रखने के लिये कार्यालयों के कर्मचारियों के लिये उद्गम स्थान से गंतव्य स्थान तक विशेष परिवहन व्यवस्था

ट. सभी बड़े नगरों का आपस में तीव्र गति रेलगाड़ी संयोजन – कश्मीर से कन्याकुमारी तथा अमृतसर से इंफाल तक की यात्रा प्रत्येक ५ घंटों में

ठ. नगरों के अंदर चलने वाले बैटरी–चालित वाहन

ड. ६०० आधुनिक विमानतल

ढ. ३० अन्तर्राष्ट्रीय विमानतल, प्रत्येक राज्य में न्यूनतम १

६. यातायात

क. १०० से १ हज़ार स्थानवाले २.५ लाख भूमिगत/बहुतल गाड़ी पड़ाव स्थल

ख. कठोर यातायात तथा गाड़ी संचालन नियम

ग. प्रत्येक आवासगृह को प्रदेशीय सड़क संजाल से जोड़ने के लिये लगभग ६ लाख वर्ग कि. मी. क्षेत्र में (३० लाख वर्ग कि. मी. का २० प्रतिशत) सड़कों का निर्माण

घ. १.२ करोड़ पैदल पारपथ

ङ. व्यापक यातायात संकेत

च. सब सड़कों पर यातायात संकेतों का अंकन

छ. विशेष प्रशिक्षित तथा नियंत्रित यातायात पुलिस

ज. नियमित तथा कठोर गति नियंत्रण निरीक्षण

झ. नियमित तथा कठोर मद्यपान नियंत्रण निरीक्षण

७. स्वास्थ्य

क. ६० हज़ार अत्युत्तम चिकित्सालय

ख. ५० वर्ष से अधिक आयु के नागरिकों के लिये निःशुल्क चिकित्सक की घर जाकर स्वास्थ्य निरीक्षण की व्यवस्था (जोकि योरोप में भी नहीं है)

ग. अल्पमूल्यिक औषधियां

घ. रविवार, अवकाश के दिन तथा रात्रि में औषधि विक्रेता तथा चिकित्सक की उपलब्धता

ङ. शीघ्र तथा कुशल रुग्णवाहिनी सेवा

च. विकलांग, गंभीर व्याधिग्रस्त तथा वृद्ध जनता के लिये घर में सहायता का प्रावधान

छ. रोगनिवारण चिकित्सीय ज्ञान पुस्तिकाओं का निःशुल्क वितरण

८. आवासगृह

क. सभी परिवारों के लिये शौचालय सहित शालीन आवासगृह की व्यवस्था, कोई झुग्गी–बस्ती नहीं

ख. आर्थिक रूप से अशक्त जनता के लिये विशेष सामाजिक आवासगृह व्यवस्था

ग. अनवरत २४–घंटे विद्युत, गैस, जल का प्रावधान

घ. सभी आवासगृहों का प्रदेशीय सड़क संजाल से संयोजन

ङ. सामयिक श्रमिकों के लिये विशेष आवास व्यवस्था

९. खेलकूद

क. ६ लाख क्रीड़ा–संघ

ख. अंतःकक्षीय खेलों जैसे बैडमिंटन, वॉलीबाल, आदि के लिये १ लाख २० हज़ार क्रीड़ा–गृह

ग. ६० हज़ार उच्च वर्ग के क्रीड़ा विद्यालय

घ. ६० हज़ार एथलेटिक्स पथ

ङ. १ लाख २० हज़ार फुटबाल तथा हॉकी क्रीड़ा–स्थल

च. ५ से १० टेनिस मैदानों के १ लाख २० हज़ार टेनिस क्रीड़ा–स्थल

छ. २०० ओलंपिक स्वर्ण पदक का लक्ष्य

ज. १,२०० विश्व के सर्वश्रेष्ठ बैडमिंटन, टेनिस, टेबल टेनिस प्रत्येक के खिलाड़ी

झ. १२० विश्व के सर्वश्रेष्ठ हॉकी, फुटबाल, वॉलीबाल, बास्केटबाल, व्यायाम, एथलेटिक प्रत्येक के दल

ञ. ६० हज़ार शारीरिक व्यायाम केंद्र

१०. दुर्घटना/आपदा निवारण/सहायता

क. सभी आवश्यक उपकरणों/सामग्री से सुसज्जित १ लाख २० हज़ार प्राकृतिक आपदा निवारण केंद्र

ख. सब रेलवे स्टेशनों, विमानतलों तथा सार्वजनिक स्थानों पर आपातकालीन सहायता

ग. सभी विद्युत् परिवहन तारें भूमिगत, कहीं भी कोई खुले नग्न विद्युत् परिवहन तार नहीं

घ. कहीं भी कोई खुला जलनिकास छिद्र नहीं

११. न्याय

क. अतिशीघ्र न्याय के लिये न्यायिक आधारिक संरचना, न्यायालयों, न्यायाधीशों, कर्मचारियों में १० से २० गुना वृद्धि

१२. संस्कृति

क. २ लाख ४० हज़ार संगीत विद्यालय भारतीय शास्त्रीय संगीत (भारतीय वाद्य यंत्र, उत्तरी/दक्षिणी/रवीन्द्र संगीत) तथा पश्चिमी शास्त्रीय संगीत (पियानो, वायलिन, चेलो, ओबो, मैन्डोलिन तथा आर्केस्ट्रा) के लिये

ख. १०० से ८०० आसन वाले १ लाख २० हज़ार प्रेक्षागृह

ग. ६० हज़ार सर्वश्रेष्ठ सितार तथा बांसुरी वादक प्रत्येक

घ. १८ हज़ार भारतीय शास्त्रीय संगीत आर्केस्ट्रा

ङ. ६० हज़ार विश्व का सर्वश्रेष्ठ पियानो, वायलिन, चेलो वादक प्रत्येक

च. १८ हज़ार पश्चिमी शास्त्रीय संगीत आर्केस्ट्रा

१३. स्वच्छता

क. ६० लाख अति स्वच्छ सार्वजनिक शौचालय

ख. अत्यंत स्वच्छ सार्वजनिक स्थान तथा सड़कें, किसी खुले स्थान पर कोई कूड़ा अथवा गन्दगी नहीं

१४. महंगाई नियंत्रण

क. १ लाख २० हज़ार अल्पमूल्यिक, विशाल, उच्च कोटि के विक्रय केंद्र

ख. ६० हज़ार दुग्धालय

१५. प्रशासन पारदर्शिता

क. शून्य भ्रष्टाचार तथा प्रशासन पारदर्शिता के लिये सभी प्रशासनिक वित्तीय कार्यसम्पादन तथा अनुबंधों की सूचना का इन्टरनेट पर सूचना प्रसारण प्रणाली के उपयोग द्वारा प्रसारण

१६. पर्यावरण

क. औद्योगिक अवशेष विन्यास नियंत्रण

ख. वाहन उत्सर्जन नियंत्रण

ग. कोलाहल प्रदूषण नियंत्रण

घ. ६ लाख गुलाब तथा अन्य पुष्पवाटिकाएं

ङ. प्रचुर मात्रा में वृक्षारोपण

च. नदी प्रदूषण समाप्ति

१७. खरीददारी

क. १ लाख २० हज़ार विशाल व्यापारगृह

ख. दुकानों में निर्धारित मूल्य, मूल्य प्रदर्शन अनिवार्य

१८. सुरक्षा

क. जनता की सुरक्षा तथा सहायता के लिये पुलिस कर्मचारियों की संख्या में वृद्धि, जनसंख्या का लगभग ३ से ५ प्रतिशत पुलिस कर्मचारी, पुलिस कर्मचारियों का उचित एवं कठोर प्रशिक्षण, निरीक्षण तथा नियंत्रण

ख. महिलाओं की सुरक्षा के लिये विशेष ध्यान व उपाय – महिला पुलिस द्‌वारा रात दिन भारी रखवाली

ग. तीनों सेनाओं के कर्मचारियों की संख्या जनसंख्या की ३ से ५ प्रतिशत

घ. न्याय व्यवस्था के कर्मचारियों की संख्या जनसंख्या की ५ प्रतिशत

१६. मनोरंजन

क. खेलकूद तथा संस्कृति दूरदर्शन

ख. १२ हज़ार आमोद–प्रमोद तथा मनोरंजन केन्द्र

२०. सुखदायी जीवन

क. विमानतल के निकट रहने वाले निवासियों के लिए ध्वनि प्रदूषण न्यूनतम करने के लिए रात्रि वायुयान उड़ान व अवतरण समाप्ति

२१. कूड़ा व गन्दगी प्रबंधन

क. कुशल कूड़ा एकत्रीकरण तथा विन्यास प्रबंधन

ख. श्रेष्ठतर जलनिकास प्रणाली

२२. सहायता केंद्र

क. यातायात, गैस, विद्युत, कूड़ा एकत्रीकरण, आदि सभी समस्याओं के समाधान तथा परिवादों के लिये सहायता केंद्र

२३. कार्यस्थल दशाएं

क. ४० घंटे प्रति सप्ताह का कार्य–समय

ख. कार्यरत शिशु सहित महिलाओं के लिये ६ लाख उच्च कोटि के बालगृह

२४. वृद्धावस्था सहायता

क. असहाय वृद्ध जनता के लिये उच्च कोटि के वृद्धावस्थागृह

२५. उर्जा

क. ५० से ७० प्रतिशत सौर्योर्जा

ख. नाभिकीय रिएक्टर

२६. अनुसन्धान केंद्र

- क. जलवायु नियंत्रण
- ख. अति सूक्ष्म नैनो तकनीक
- ग. कृषि
- घ. चिकित्सा – मलेरिया, कैंसर, एड्स
- ङ. अति तीव्रगति रेल
- च. महागणक
- छ. संचार व्यवस्था
- ज. घरेलू उपकरण
- झ. स्वचालित उपकरण
- ञ. अभिनव उत्पाद – काग़ज़ का विकल्प
- ट. सुरक्षा उपकरण
- ठ. चिकित्सा उपकरण
- ड. भारी उद्योग यंत्र
- ढ. नाभिकीय द्रवण–उर्जा तकनीक

२७. नवीन उद्योग

- क. वायुयान उत्पादन
- ख. अति तीव्र गति रेलगाड़ी उत्पादन
- ग. महागणक उत्पादन
- घ. निर्देश निर्मित चिप उत्पादन

२८. पूर्ण काला धन तथा कर–चोरी समाप्ति

- क. ३ लाख मुद्राकोष
- ख. जनता के लिये निःशुल्क बैंक खाता तथा बैंक पत्रक

ग. सभी बड़े, मध्यम तथा छोटे व्यवसायों, दुकानों, तथा विक्रेताओं के लिये निरंतर कार्यरत भुगतान संजाल

घ. ३० लाख निरंतर कार्यरत भुगतान सेवा सहायता केंद्र

ङ. सभी भुगतान केवल बैंक पत्रक द्वारा अनिवार्य

च. बैंक से केवल अधिकतम १ हज़ार रुपये नकद प्रति माह प्रत्येक परिवार के लिये निकालना सम्भव

२६. सभी ६० हज़ार प्रबन्धित राष्ट्रखण्डों में निर्वाचित जनप्रतिनिधियों की जनसभाएं

क. प्रत्येक शनिवार तथा रविवार को जनता से प्रतिपुष्टि एवं कार्यवाही के लिये निर्वाचित जनप्रतिनिधियों का जनसभाओं में जनता से वार्तालाप, स्पष्टीकरण, सुधार–सुझाव, विचार–विमर्श

३०. पोषण

क. खाद्य पदार्थों में मिलावट की पूर्ण समाप्ति

ख. १ लाख २० हज़ार अत्युत्तम कोटि के भोजनालय

३१. संव्यावसायिक प्रवासन

क. आप्रवासी देश से संव्यावसायिक प्रवास क्षतिपूर्ति – प्रत्येक स्थाई भारतीय प्रवासी के लिये १० लाख यूरो तथा प्रत्येक अस्थाई भारतीय प्रवासी के लिये ५ लाख यूरो

३२. जल संसाधन – सम्पूर्ण जल उपयोग के लिये सुविस्तृत नहर, जलाशय, उदीचन यंत्र सहित जल संकलन/शुद्धिकरण संजाल द्वारा उन्नत स्वचालित शून्य बाढ़/अकाल, शून्य पेयजल अभाव, शून्य नदीजल प्रदूषण प्रणाली

सम्पूर्ण जल उपयोग एवं नियंत्रण की उन्नत विशिष्टताएं

यह स्वचालित नियंत्रण, मापन तथा निरीक्षण सहित आधुनिक, स्वचालित प्रणाली एक मौलिक, शक्तिशाली, विशाल जल नियंत्रण तथा उपयोग प्रणाली होगी. इसकी निम्न उन्नत विशेषताएं होंगी –

क. विस्तार क्षेत्र

इसमें निम्नलिखित सम्मिलित होंगेः–

१. भारत की लगभग २०० से ३०० नदियों के लिये

२. भारत के समस्त लगभग ३० लाख वर्ग कि. मी. क्षेत्र के लिये लाभदायक

ख. आधारिक मूलभूत संरचना

अ. नहर, जलाशय, उदीचन यंत्र सहित जल संकलन/शुद्धिकरण संजाल

नहर, जलाशय, उदीचन यंत्र तथा जल शुद्धिकरण संयंत्र की अनुमानित आधारिक संरचना इस प्रकार है :–

१. भूमिगत जल संग्रह जलाशय – लगभग २० हज़ार

२. जल संग्रह जलाशय निर्गम द्वार – लगभग ५० हज़ार

३. पेयजल शुद्धिकरण संयंत्र – लगभग २० हज़ार

४. अशुद्ध/जलनिकास जल शुद्धिकरण संयंत्र – लगभग २० हज़ार

५. नहर वितरण संजाल – लगभग २ से ३ लाख वर्ग कि. मी.

६. नहर संयोजन द्वार – लगभग १ से २ लाख

७. समस्त आवासगृहों तथा भवनों के लिये पेयजल वितरण संजाल – लगभग ३० करोड़ आवासगृह/भवन

आ. मापन तथा निरीक्षण संजाल

मापन तथा निरीक्षण संजाल की अनुमानित आवश्यकता इस प्रकार हैः–

१. वर्षा जलस्तर मापन स्थल – लगभग १० हज़ार

२. नदी जलस्तर मापन स्थल – लगभग २० हज़ार

३. जल संग्रह जलाशयस्तर मापन स्थल – लगभग २० हज़ार

४. नहर जलस्तर मापन स्थल – लगभग ५० हज़ार

५. नदी जल शुद्धतास्तर मापन स्थल – लगभग १० हज़ार

१८ख

दिल्ली कार्यक्रम के नियत कार्य

दिल्ली कार्यक्रम के नियत कार्य

भारत के मौलिक रूपान्तरण कार्यक्रम पर आधारित दिल्ली रूपान्तरण कार्यक्रम का प्रतिपादन यहाँ प्रस्तुत है.

दिल्ली रूपान्तरण कार्यक्रम

दिल्ली रूपान्तरण कार्यक्रम ३ स्तरों में विभाजित है :–

प्रथम स्तर – भारत का मौलिक रूपान्तरण कार्यक्रम राष्ट्रीय–स्तर पर कार्यान्वयन के लिये शीर्ष–स्तर का कार्यक्रम है. इस कार्यक्रम का वर्णन उपर्युक्त लिखित अध्यायों में किया गया है. सब निम्नस्तरीय कार्यक्रम इस पर आधारित हैं.

द्वितीय स्तर – राष्ट्रीय रूपान्तरण कार्यक्रम के अनुरूप दिल्ली रूपान्तरण कार्यक्रम का स्वरूप इस प्रकार है:–

१. यह राष्ट्रीय रूपान्तरण कार्यक्रम पर आधारित है तथा गुणात्मक एवं मात्रात्मक रूप से राष्ट्रीय रूपान्तरण कार्यक्रम के अनुरूप है.

२. यह दिल्ली के निम्नलिखित तथ्यों को ध्यान में रखते हुए बनाया गया है :–

वर्तमान धरातल क्षेत्रफल (लगभग १,५०० वर्ग कि.मी.), वर्तमान जनसंख्या (लगभग १.४ करोड़), जनसंख्या

घनत्व (जनसंख्या प्रति वर्ग कि. मी. लगभग ६,३००), ५ वर्ष पश्चात् अनुमानित जनसंख्या (लगभग २ करोड़)

दिल्ली कार्यक्रम में निहित तत्व

१. प्रबन्धित राष्ट्रखण्ड संचालन

दिल्ली को लगभग ५० वर्ग कि. मी. के लगभग ३० प्रबन्धित राष्ट्रखण्डों में विभाजित किया जाएगा. प्रत्येक प्रबन्धित राष्ट्रखण्ड में प्रशिक्षित कर्मचारियों सहित कठोरतापूर्वक निरीक्षित निम्नलिखित कार्यालयों की स्थापना की जायेगीः–

क. प्रबंधन के सारे क्षेत्र उदाहरणतः जन्म तथा मृत्यु के पंजीकरण तथा प्रमाणपत्र, पारपत्र इत्यादि

ख. सामाजिक सेवा – शिक्षा, खेलकूद, आजीविका साधन, स्वास्थ्य, आवास, सुरक्षा तथा सेवानिवृत्ति–वेतन इत्यादि के विषयों में जनता की आवश्यकताएं

ग. मूलभूत सुविधाओं उदाहरणतः सड़कें, परिवहन, शिक्षा, खेलकूद, चिकित्सालयों, न्याय–सहायता, विद्युत, जल और गैस आदि के कार्यों की देखरेख

घ. राजस्व

ङ. पुलिस

च. स्वास्थ्य

छ. प्रदूषण

ज. कूड़ा

झ. यातायात

ञ. संस्कृति

ट. खेलकूद

ठ. विधायक

ड. सामान्य प्रबंधन समन्वयक

२. शून्य भ्रष्टाचार

क. उपर्युक्त लिखित १३ उत्तरदायी व्यक्ति कठोर निरीक्षण तथा नियंत्रण के लिये चलनशील चित्रित आभासी वैयक्तिक संजाल (मोबाइल विडियो वी पी एन) प्रणाली द्वारा संयोजित.

३. नागरिक सेवा

क. प्रत्येक नागरिक की शिक्षा, स्वास्थ्य, परिवहन, खेलकूद इत्यादि की आवश्यकताओं को ध्यान में रखते हुए उनके उत्थान तथा उचित दिशा में उचित कार्यवाही के लिये उनके पूरे विवरण का एक राष्ट्रीय आंकड़ा आधार में लेखारोपण

४. शिक्षा

क. अत्योच्च कोटि के ३०० प्राथमिक तथा ३०० माध्यमिक शिक्षा विद्यालय

ख. ५०० उच्चस्तरीय महाविद्यालय

ग. १० विश्वविद्यालय

घ. पढाई में पिछड़े विद्यार्थियों के लिये अतिरिक्त अध्ययन सहायता

ङ. नवीन ३ भारतीय प्रौद्योगिक संस्थान, ३ अखिल भारतीय चिकित्सा विज्ञान संस्थान, ३ भारतीय प्रबंध संस्थान

च. २०० निम्न/माध्यमिक कुशलता के व्यावसायिक (तकनीकी व सामान्य) विद्यालय

छ. अस्थायी श्रमिकों के बच्चों के लिये शिशुसदन/विद्यालय

ज. बच्चों के लिये विदेशी/प्रांतीय भाषाओं की शिक्षा

झ. बच्चों के लिये योग शिक्षा

ञ. १०० पुस्तक/सी डी के पुस्तकालय/वाचनालय

ट. अंतर्विषयी अभियांत्रिकी शिक्षा – चिप प्रारूप + मेकैनिकल/चिकित्सा, आदि

५. परिवहन

क. वृक्ष, पुष्प, पृथक पैदलपथ एवं साइकल पथ सहित श्रेष्ठतर सड़क अभिन्यास (पश्चिमी योरोप रीति की भांति)

ख. प्रत्येक प्रबन्धित राष्ट्रखण्ड के लगभग २० प्रतिशत क्षेत्र में नवीन सड़क अभिन्यास नियमों के अनुसार सड़कों का निर्माण

ग. अन्तर्राष्ट्रीय स्तर की अत्यंत श्रेष्ठ बसों का प्रावधान

घ. श्रेष्ठतर, प्रशिक्षित, विनम्र, सहायक बस कर्मचारी

ङ. प्रत्येक मार्ग की आवश्यकता के अनुसार ५ से १० गुना बस सेवा आवृत्ति में वृद्धि

च. अल्पमूल्यिक एवं श्रेष्ठतर टैक्सी सेवा

छ. तिपहिया वाहन का लघु टैक्सी से प्रतिस्थापन

ज. व्यक्तियों द्वारा खींचे जाने वाले रिक्शा का मोटर रिक्शा से प्रतिस्थापन

झ. व्यक्तिगत वाहनों का यातायात अति सीमित रखने के लिये कार्यालयों के कर्मचारियों के लिये उद्गम स्थान से गंतव्य स्थान तक विशेष परिवहन व्यवस्था

ञ. निकट के राष्ट्रखण्डों के बड़े नगरों से तीव्र गति रेलगाड़ी संयोजन

ट. नगरों के अंदर चलने वाले बैटरी–चालित वाहन

६. यातायात

क. १०० से १ हज़ार स्थान वाले १०० भूमिगत/बहुतल गाड़ी पड़ाव स्थल

ख. कठोर यातायात तथा गाड़ी संचालन नियम

ग. प्रत्येक आवासगृह को प्रदेशीय सड़क संजाल से जोड़ने के लिये लगभग ३०० वर्ग कि. मी. क्षेत्र में (१,५०० वर्ग कि. मी. का २० प्रतिशत) सड़कों का निर्माण

घ. ८ हज़ार पैदल पारपथ

ङ. व्यापक यातायात संकेत

च. सब सड़कों पर यातायात संकेतों का अंकन

छ. विशेष प्रशिक्षित तथा नियंत्रित यातायात पुलिस

ज. नियमित तथा कठोर गति नियंत्रण निरीक्षण

झ. नियमित तथा कठोर मद्यपान नियंत्रण निरीक्षण

७. स्वास्थ्य

क. ३० अत्युत्तम चिकित्सालय

ख. ५० वर्ष से अधिक आयु के नागरिकों के लिये निःशुल्क चिकित्सक की घर जाकर स्वास्थ्य निरीक्षण की व्यवस्था (जोकि योरोप में भी नहीं है)

ग. अल्पमूल्यिक औषधियां

घ. रविवार, अवकाश के दिन तथा रात्रि में औषधि विक्रेता तथा चिकित्सक की उपलब्धता

ङ. शीघ्र तथा कुशल रुग्ण वाहिनी सेवा

च. विकलांग, गंभीर व्याधिग्रस्त तथा वृद्ध जनता के लिये घर में सहायता का प्रावधान

छ. रोगनिवारण चिकित्सीय ज्ञान पुस्तिकाओं का निःशुल्क वितरण

८. आवासगृह

क. सभी परिवारों के लिये शौचालय सहित शालीन आवासगृह की व्यवस्था, कोई झुग्गी–बस्ती नहीं

ख. आर्थिक रूप से अशक्त जनता के लिये विशेष सामाजिक आवासगृह व्यवस्था

ग. अनवरत २४–घंटे विद्युत, गैस, जल का प्रावधान

घ. सभी आवासगृहों का सड़क संजाल से संयोजन

ङ. सामयिक श्रमिकों के लिये विशेष आवास व्यवस्था

९. खेलकूद

क. ३०० क्रीड़ा–संघ

ख. अंतःकक्षीय खेलों जैसे बैडमिंटन, वॉलीबाल, आदि के लिये ६० क्रीड़ा–गृह

ग. ३० उच्च वर्ग के क्रीड़ा विद्यालय

घ. ३० एथलेटिक्स पथ

ङ. ६० फुटबाल तथा हॉकी क्रीड़ा–स्थल

च. ५ से १० टेनिस मैदानों के ६० टेनिस क्रीड़ा–स्थल

छ. २५ ओलंपिक स्वर्ण पदक का लक्ष्य

ज. २५ विश्व के सर्वश्रेष्ठ बैडमिंटन, टेनिस, टेबल टेनिस प्रत्येक के खिलाड़ी

झ. २० विश्व के सर्वश्रेष्ठ हॉकी, फुटबाल, वॉलीबाल, बास्केटबाल, व्यायाम, एथलेटिक प्रत्येक के दल

ञ. ६० शारीरिक व्यायाम केंद्र

१०. दुर्घटना / आपदा निवारण / सहायता

क. सभी आवश्यक उपकरणों, सामग्री से सुसज्जित ६० प्राकृतिक आपदा निवारण केंद्र

ख. सब रेलवे स्टेशनों, विमानतलों तथा सार्वजनिक स्थानों पर आपातकालीन सहायता

ग. सभी विद्युत् परिवहन तारें भूमिगत, कहीं भी कोई खुलें नग्न विद्युत् परिवहन तार नहीं

घ. कहीं भी कोई खुला जलनिकास छिद्र नहीं

११. न्याय

क. अतिशीघ्र न्याय के लिये न्यायिक आधारिक संरचना, न्यायालयों, न्यायाधीशों, कर्मचारियों में १० से २० गुना वृद्धि

१२. संस्कृति

क. १२० संगीत विद्यालय भारतीय शास्त्रीय संगीत (भारतीय वाद्य यंत्र, उत्तरी / दक्षिणी / रवीन्द्र संगीत) पश्चिमी शास्त्रीय संगीत (पियानो, वायलिन, चेलो, ओबो, मैन्डोलिन तथा आर्केस्ट्रा) के लिये

ख. १०० से ८०० आसन वाले ६० प्रेक्षागृह

ग. ३० सर्वश्रेष्ठ सितार तथा बांसुरी वादक प्रत्येक

घ. १० भारतीय शास्त्रीय संगीत आर्केस्ट्रा

ङ. ३० विश्व के सर्वश्रेष्ठ पियानो, वायलिन, चेलो वादक प्रत्येक

च. ५ पश्चिमी शास्त्रीय संगीत आर्केस्ट्रा

१३. स्वच्छता

क. ३ हज़ार अति स्वच्छ सार्वजनिक शौचालय

ख. अत्यंत स्वच्छ सार्वजनिक स्थान तथा सड़कें, किसी खुले स्थान पर कोई कूड़ा अथवा गन्दगी नहीं

१४. महंगाई नियंत्रण

क. ६० अल्पमूल्यिक, विशाल, उच्च कोटि के विक्रय केंद्र

ख. ३० दुग्धालय

१५. प्रशासन पारदर्शिता

क. शून्य भ्रष्टाचार तथा प्रशासन पारदर्शिता के लिये सभी प्रशासनिक वित्तीय कार्यसम्पादन तथा अनुबंधों की सूचना का इन्टरनेट पर सूचना प्रसारण प्रणाली के उपयोग द्वारा प्रसारण

१६. पर्यावरण

क. औद्योगिक अवशेष विन्यास नियंत्रण

ख. वाहन उत्सर्जन नियंत्रण

ग. कोलाहल प्रदूषण नियंत्रण

घ. ६० गुलाब तथा अन्य पुष्पवाटिकाएं

ङ. प्रचुर मात्रा में वृक्षारोपण

च. नदी प्रदूषण समाप्ति

१७. खरीददारी

क. ६० विशाल व्यापारगृह

ख. दुकानों में निर्धारित मूल्य, मूल्य प्रदर्शन अनिवार्य

१८. सुरक्षा

क. जनता की सुरक्षा तथा सहायता के लिये पुलिस कर्मचारियों की संख्या में वृद्धि, जनसंख्या का लगभग ३ से ५ प्रतिशत पुलिस कर्मचारी, पुलिस कर्मचारियों का उचित एवं कठोर प्रशिक्षण, निरीक्षण तथा नियंत्रण

ख. महिलाओं की सुरक्षा के लिये विशेष ध्यान व उपाय – महिला पुलिस द्वारा रातदिन भारी रखवाली

ग. न्याय व्यवस्था के कर्मचारियों की संख्या जनसंख्या की ५ प्रतिशत

१९. मनोरंजन

क. खेलकूद तथा संस्कृति दूरदर्शन

ख. ६ आमोद–प्रमोद तथा मनोरंजन केन्द्र

२०. सुखदायी जीवन

क. रात्रि वायुयान उड़ान व अवतरण समाप्ति

२१. कूड़ा व गन्दगी प्रबंधन

क. कुशल कूड़ा एकत्रीकरण तथा विन्यास प्रबंधन

ख. श्रेष्ठतर जलनिकास प्रणाली

२२. सहायता केंद्र

क. यातायात, गैस, विद्युत, कूड़ा एकत्रीकरण, आदि सभी समस्याओं के समाधान तथा परिवादों के लिये सहायता केंद्र

२३. कार्यस्थल दशाएं

क. ४० घंटे प्रति सप्ताह का कार्य–समय

ख. कार्यरत शिशु सहित महिलाओं के लिये ३०० उच्च कोटि के बालगृह

२४. वृद्धावस्था सहायता

क. असहाय वृद्ध जनता के लिये उच्च कोटि के वृद्धावस्थागृह

२५. उर्जा

क. ५० से ७० प्रतिशत सौर्योर्जा

२६. अनुसन्धान केंद्र

क. ज़लवायु नियंत्रण

ख. अति सूक्ष्म नैनो तकनीक

ग. कृषि

घ. चिकित्सा – मलेरिया, कैंसर, एड्स

ङ. अति तीव्रगति रेल

च. महागणक

छ. संचार व्यवस्था

ज. घरेलू उपकरण

झ. स्वचालित उपकरण

ञ. अभिनव उत्पाद – काग़ज़ का विकल्प

ट. सुरक्षा उपकरण

ठ. चिकित्सा उपकरण

ड. भारी उद्योग यंत्र

ढ. नाभिकीय द्रवण–उर्जा तकनीक

२७. पोषण

क. खाद्य पदार्थों में मिलावट की पूर्ण समाप्ति

ख. ६० अत्युत्तम कोटि के भोजनालय

२८. पूर्ण काला धन तथा कर–चोरी समाप्ति

क. १५०० मुद्राकोष

ख. जनता के लिये निःशुल्क बैंक खाता तथा बैंक पत्रक

ग. सभी बड़े, मध्यम तथा छोटे व्यवसायों, दुकानों, तथा विक्रेताओं के लिये निरंतर कार्यरत भुगतान संजाल

घ. १,५०० निरंतर कार्यरत भुगतान सेवा सहायता केंद्र

ङ. सभी भुगतान केवल बैंक पत्रक द्वारा अनिवार्य

च. बैंक से केवल अधिकतम १ हज़ार रुपये नकद प्रति माह प्रत्येक परिवार के लिये निकालना सम्भव

२६. सभी ३० प्रबन्धित राष्ट्रखण्डों में निर्वाचित जनप्रतिनिधियों की जनसभाएं

क. प्रत्येक शनिवार तथा रविवार को जनता से प्रतिपुष्टि एवं कार्यवाही के लिये निर्वाचित जनप्रतिनिधियों का जनसभाओं में जनता से वार्तालाप, स्पष्टीकरण, सुधार सुझाव, विचार–विमर्श

तृतीय स्तर– इस स्तर पर दिल्ली नगरनिगम के कार्यक्षेत्र के अनुसार कार्यक्रम होगा जो कि दिल्ली कार्यक्रम पर आधारित रहेगा. दिल्ली नगरनिगम की वर्तमान संरचना तथा ढांचे को प्रबन्धित राष्ट्रखण्डों में विलयन करके पुनर्गठन किया जायेगा.

१८ग

उत्तर प्रदेश कार्यक्रम के नियत कार्य

उत्तर प्रदेश कार्यक्रम के नियत कार्य

भारत के मौलिक रूपान्तरण कार्यक्रम पर आधारित उत्तर प्रदेश रूपान्तरण कार्यक्रम का प्रतिपादन यहाँ प्रस्तुत किया गया है.

उत्तर प्रदेश रूपान्तरण कार्यक्रम

उत्तर प्रदेश रूपान्तरण कार्यक्रम २ स्तरों में विभाजित है :–

प्रथम स्तर – भारत का मौलिक रूपान्तरण कार्यक्रम राष्ट्रीय–स्तर पर कार्यान्वयन के लिये शीर्ष–स्तर का कार्यक्रम है. इस कार्यक्रम का वर्णन उपर्युक्त लिखित अध्यायों में किया गया है. सब निम्नस्तरीय कार्यक्रम इस पर आधारित हैं.

द्वितीय स्तर – राष्ट्रीय रूपान्तरण कार्यक्रम के अनुरूप उत्तर प्रदेश रूपान्तरण कार्यक्रम का स्वरूप इस प्रकार है :–

१. यह राष्ट्रीय रूपान्तरण कार्यक्रम पर आधारित है तथा गुणात्मक एवं मात्रात्मक रूप से राष्ट्रीय रूपान्तरण कार्यक्रम के अनुरूप है.

२. यह उत्तर प्रदेश के निम्नलिखित तथ्यों को ध्यान में रखते हुए बनाया गया है :–

वर्तमान धरातल क्षेत्रफल (लगभग २.५ लाख वर्ग कि. मी.), वर्तमान जनसंख्या (लगभग २१ करोड़), जनसंख्या घनत्व (जनसंख्या प्रति वर्ग कि. मी. लगभग ८३०)

उत्तर प्रदेश कार्यक्रम में निहित तत्व

१. प्रबन्धित राष्ट्रखण्ड संचालन

उत्तर प्रदेश को लगभग ५० वर्ग कि. मी. के लगभग ५ हज़ार प्रबन्धित राष्ट्रखण्डों में विभाजित किया जाएगा. प्रत्येक प्रबन्धित राष्ट्रखण्ड में प्रशिक्षित कर्मचारियों सहित कठोरतापूर्वक निरीक्षित निम्नलिखित कार्यालयों की स्थापना की जायेगी:–

क. प्रबंधन के सारे क्षेत्र उदाहरणतः जन्म तथा मृत्यु के पंजीकरण तथा प्रमाणपत्र, पारपत्र इत्यादि

ख. सामाजिक सेवा – शिक्षा, खेलकूद, आजीविका साधन, स्वास्थ्य, आवास, सुरक्षा तथा सेवानिवृत्ति–वेतन इत्यादि के विषयों में जनता की आवश्यकताएं

ग. मूलभूत सुविधाओं उदाहरणतः सड़कें, परिवहन, शिक्षा, खेलकूद, चिकित्सालयों, न्याय–सहायता, विद्युत, जल और गैस आदि के कार्यों की देखरेख

घ. राजस्व

ङ. पुलिस

च. स्वास्थ्य

छ. प्रदूषण

ज. कूड़ा

झ. यातायात

ञ. संस्कृति

ट. खेलकूद

ठ. विधायक

ड. सामान्य प्रबंधन समन्वयक

२. शून्य भ्रष्टाचार

क. उपर्युक्त लिखित १३ उत्तरदायी व्यक्ति कठोर निरीक्षण तथा नियंत्रण के लिये चलनशील चित्रित आभासी वैयक्तिक संजाल (मोबाइल विडियो वी पी एन) प्रणाली द्वारा संयोजित

३. नागरिक सेवा

क. प्रत्येक नागरिक की शिक्षा, स्वास्थ्य, परिवहन, खेलकूद इत्यादि की आवश्यकताओं को ध्यान में रखते हुए उनके उत्थान तथा उचित दिशा में कार्यवाही के लिये पूरे विवरण का एक राष्ट्रीय आंकड़ा आधार में लेखारोपण

४. शिक्षा

क. अत्योच्च कोटि के ५० हज़ार प्राथमिक तथा ५० हज़ार माध्यमिक शिक्षा विद्यालय

ख. ५० हज़ार उच्चस्तरीय महाविद्यालय

ग. १५० विश्वविद्यालय

घ. पढ़ाई में पिछड़े विद्यार्थियों के लिये अतिरिक्त अध्ययन सहायता

ङ. नवीन ५० भारतीय प्रौद्योगिक संस्थान, ५० अखिल भारतीय चिकित्सा विज्ञान संस्थान, ५० भारतीय प्रबंध संस्थान

च. ३५ हज़ार निम्न/माध्यमिक कुशलता के व्यावसायिक (तकनीकी व सामान्य) विद्यालय

छ. अस्थायी श्रमिकों के बच्चों के लिये शिशुसदन/विद्यालय

ज. बच्चों के लिये विदेशी/प्रांतीय भाषाओं की शिक्षा

झ. बच्चों के लिये योग शिक्षा

ञ. १५ हज़ार पुस्तक/सी डी के पुस्तकालय/वाचनालय

ट. अंतर्विषयी अभियांत्रिकी शिक्षा – चिप प्रारूप + मेकैनिकल/ चिकित्सा, आदि

५. **परिवहन**

क. वृक्ष, पुष्प, पृथक पैदलपथ एवं साईकिल पथ सहित श्रेष्ठतर सड़क अभिन्यास (पश्चिमी योरोप रीति की भाँति)

ख. प्रत्येक प्रबन्धित राष्ट्रखण्ड के लगभग २० प्रतिशत क्षेत्र में नवीन सड़क अभिन्यास नियमों के अनुसार सड़कों का निर्माण

ग. तीव्र गति पथ, राष्ट्रीय पथ तथा स्थानीय पथ का सुविस्तृत संजाल

घ. अंतर्राष्ट्रीय स्तर की अत्यंत श्रेष्ठ बसों का प्रावधान

ङ. श्रेष्ठतर, प्रशिक्षित, विनम्र, सहायक बस कर्मचारी

च. प्रत्येक मार्ग की आवश्यकता के अनुसार ५ से १० गुना बस सेवा आवृत्ति में वृद्धि

छ. अल्पमूल्यिक एवं श्रेष्ठतर टैक्सी सेवा

ज. तिपहिया वाहन का लघु टैक्सी से प्रतिस्थापन

झ. व्यक्तियों द्वारा खींचे जाने वाले रिक्शा का मोटर रिक्शा से प्रतिस्थापन

ञ. व्यक्तिगत वाहनों का यातायात अति सीमित रखने के लिये कार्यालयों के कर्मचारियों की सेवा में उद्‌गम स्थान से गंतव्य स्थान तक विशेष परिवहन व्यवस्था

ट. उत्तर प्रदेश के सभी बड़े नगरों का आपस में तथा देश के अन्य बड़े नगरों से तीव्र गति रेलगाड़ी संयोजन – मिर्जापुर से सहारनपुर, लखनऊ से दिल्ली, लखनऊ से

मुंबई, लखनऊ से चेनई, लखनऊ से कोलकाता की यात्रा क्रमशः २, २, ६, ६, ३ घंटों में

ठ. नगरों के अंदर चलने वाले बैटरी–चालित वाहन

ड. ५० आधुनिक विमानतल

ढ. ३ अन्तर्राष्ट्रीय विमानतल – लखनऊ, वाराणसी, झाँसी

६. यातायात

क. १०० से १ हज़ार स्थानवाले २० हज़ार भूमिगत / बहुतल गाड़ी पड़ाव स्थल

ख. कठोर यातायात तथा गाड़ी संचालन नियम

ग. प्रत्येक आवासगृह को प्रदेशीय सड़क संजाल से जोड़ने के लिये लगभग ५० हज़ार वर्ग कि. मी. क्षेत्र में (२.५ लाख वर्ग कि. मी. का २० प्रतिशत) सड़कों का निर्माण

घ. १० लाख पैदल पारपथ

ङ. व्यापक यातायात संकेत

च. सब सड़कों पर यातायात संकेतों का अंकन

छ. विशेष प्रशिक्षित तथा नियंत्रित यातायात पुलिस

ज. नियमित तथा कठोर गति नियंत्रण निरीक्षण

झ. नियमित तथा कठोर मद्यपान नियंत्रण निरीक्षण

७. स्वास्थ्य

क. ५ हज़ार अत्युत्तम चिकित्सालय

ख. ५० वर्ष से अधिक आयु के नागरिकों के लिये निःशुल्क चिकित्सक की घर जाकर स्वास्थ्य निरीक्षण की व्यवस्था (जोकि योरोप में भी नहीं है)

ग. अल्पमूल्यिक औषधियां

घ. रविवार, अवकाश के दिन तथा रात्रि में औषधि विक्रेता तथा चिकित्सक की उपलब्धता

ङ. शीघ्र तथा कुशल रुग्ण–वाहिनी सेवा

च. विकलांग, गंभीर व्याधिग्रस्त तथा वृद्ध जनता के लिये घर में सहायता का प्रावधान

छ. रोगनिवारण चिकित्सीय ज्ञान पुस्तिकाओं का निःशुल्क वितरण

८. **आवासगृह**

क. सभी परिवारों के लिये शौचालय सहित शालीन आवासगृह की व्यवस्था, कोई झुग्गी–बस्ती नहीं

ख. आर्थिक रूप से अशक्त जनता के लिये विशेष सामाजिक आवासगृह व्यवस्था

ग. अनवरत २४–घंटे विद्युत, गैस, जल का प्रावधान

घ. सभी आवासगृहों का प्रदेशीय सड़क संजाल से संयोजन

ङ. सामयिक श्रमिकों के लिये विशेष आवास व्यवस्था

९. **खेलकूद**

क. ५० हज़ार क्रीड़ा–संघ

ख. अंतःकक्षीय खेलों जैसे बैडमिंटन, वॉलीबाल, आदि के लिये १० हज़ार क्रीड़ा–गृह

ग. ५ हज़ार उच्च वर्ग के क्रीड़ा विद्यालय

घ. ५ हज़ार एथलेटिक्स पथ

ङ. १० हज़ार फुटबाल तथा हॉकी क्रीड़ा–स्थल

च. ५ से १० टेनिस मैदानों के १० हज़ार टेनिस क्रीड़ा–स्थल

छ. १०० ओलंपिक स्वर्ण पदक का लक्ष्य

ज. १०० विश्व के सर्वश्रेष्ठ बैडमिंटन, टेनिस, टेबल टेनिस प्रत्येक के खिलाड़ी

झ. ५० विश्व के सर्वश्रेष्ठ हॉकी, फुटबाल, वॉलीबाल, बास्केटबाल, व्यायाम, एथलेटिक प्रत्येक के दल

ञ. १० हज़ार शारीरिक व्यायाम केंद्र

१०. दुर्घटना/आपदा निवारण/सहायता

क. सभी आवश्यक उपकरणों/सामग्री से सुसज्जित १० हज़ार प्राकृतिक आपदा निवारण केंद्र

ख. सब रेलवे स्टेशनों, विमानतलों तथा सार्वजनिक स्थानों पर आपातकालीन सहायता

ग. सभी विद्युत् परिवहन तार भूमिगत, कहीं भी कोई खुले नग्न विद्युत् परिवहन तार नहीं

घ. कहीं भी कोई खुला जलनिकास छिद्र नहीं

११. न्याय

क. अतिशीघ्र न्याय के लिये न्यायिक आधारिक संरचना, न्यायालयों, न्यायाधीशों, कर्मचारियों में १० से २० गुना वृद्धि

१२. संस्कृति

क. २० हज़ार संगीत विद्यालय भारतीय शास्त्रीय संगीत (भारतीय वाद्य यंत्र, उत्तरी/दक्षिणी/रवीन्द्र संगीत) पश्चिमी शास्त्रीय संगीत (पियानो, वायलिन, चेलो, ओबो, मैन्डोलिन तथा आर्केस्ट्रा) के लिये

ख. १०० से ८०० आसन वाले १० हज़ार प्रेक्षागृह

ग. ५ हज़ार सर्वश्रेष्ठ सितार तथा बांसुरी वादक प्रत्येक

घ. १.५ हज़ार भारतीय शास्त्रीय संगीत आर्केस्ट्रा

ङ. ५ हज़ार विश्व के सर्वश्रेष्ठ पियानो, वायलिन, चेलो वादक प्रत्येक

च. १.५ हज़ार पश्चिमी शास्त्रीय संगीत आर्केस्ट्रा

१३. स्वच्छता

क. ५ लाख अति स्वच्छ सार्वजनिक शौचालय

ख. अत्यंत स्वच्छ सार्वजनिक स्थान तथा सड़कें, किसी खुले स्थान पर कोई कूड़ा अथवा गन्दगी नहीं

१४. महंगाई नियंत्रण

क. १० हज़ार अल्पमूल्यिक, विशाल, उच्च कोटि के विक्रय केंद्र

ख. ५ हज़ार दुग्धालय

१५. प्रशासन पारदर्शिता

क. शून्य भ्रष्टाचार तथा प्रशासन पारदर्शिता के लिये सभी प्रशासनिक वित्तीय कार्यसम्पादन तथा अनुबंधों की सूचना का इन्टरनेट पर सूचना प्रसारण प्रणाली के उपयोग द्वारा प्रसारण

१६. पर्यावरण

क. औद्योगिक अवशेष विन्यास नियंत्रण

ख. वाहन उत्सर्जन नियंत्रण

ग. कोलाहल प्रदूषण नियंत्रण

घ. ३० हज़ार गुलाब तथा अन्य पुष्पवाटिकाएं

ङ. प्रचुर मात्रा में वृक्षारोपण

च. नदी प्रदूषण समाप्ति

१७. खरीददारी

क. १० हज़ार विशाल व्यापारगृह

ख. दुकानों में निर्धारित मूल्य, मूल्य प्रदर्शन अनिवार्य

१८. सुरक्षा

क. जनता की सुरक्षा तथा सहायता के लिये पुलिस कर्मचारियों की संख्या में वृद्धि, जनसंख्या का लगभग ३ से ५ प्रतिशत पुलिस कर्मचारी, पुलिस कर्मचारियों का उचित एवं कठोर प्रशिक्षण, निरीक्षण तथा नियंत्रण

ख. महिलाओं की सुरक्षा के लिये विशेष ध्यान व उपाय – महिला पुलिस द्वारा रात दिन भारी रखवाली

ग. न्याय व्यवस्था के कर्मचारियों की संख्या जनसंख्या की ५ प्रतिशत

१६. मनोरंजन

क. खेलकूद तथा संस्कृति दूरदर्शन

ख. १ हज़ार आमोद–प्रमोद तथा मनोरंजन केन्द्र

२०. सुखदायी जीवन

क. विमानतल के निकट रहने वाले निवासियों के लिए ध्वनि प्रदूषण न्यूनतम करने के लिए रात्रि वायुयान उड़ान व अवतरण समाप्ति

२१. कूड़ा व गन्दगी प्रबंधन

क. कुशल कूड़ा एकत्रीकरण तथा विन्यास प्रबंधन

ख. श्रेष्ठतर जलनिकास प्रणाली

२२. सहायता केंद्र

क. यातायात, गैस, विद्युत, कूड़ा एकत्रीकरण, आदि सभी समस्याओं के समाधान तथा परिवादों के लिये सहायता केंद्र

२३. कार्यस्थल दशाएं

क. ४० घंटे प्रति सप्ताह का कार्य–समय

ख. कार्यरत शिशु सहित महिलाओं के लिये ५० हज़ार उच्च कोटि के बालगृह

२४. **वृद्धावस्था सहायता**

क. असहाय वृद्ध जनता के लिये उच्च कोटि के वृद्धावस्थागृह

२५. उर्जा

क. ५० से ७० प्रतिशत सौर्योर्जा

ख. नाभिकीय रिएक्टर

२६. **अनुसन्धान केंद्र**

क. जलवायु नियंत्रण

ख. अति सूक्ष्म नैनो तकनीक

ग. कृषि

घ. चिकित्सा – मलेरिया, कैंसर, एड्स

ङ. अति तीव्रगति रेल

च. महागणक

छ. संचार व्यवस्था

ज. घरेलू उपकरण

झ. स्वचालित उपकरण

ञ. अभिनव उत्पाद – काग़ज़ का विकल्प

ट. सुरक्षा उपकरण

ठ. चिकित्सा उपकरण

ड. भारी उद्योग यंत्र

ढ. नाभिकीय द्रवण–उर्जा तकनीक

२७. **नवीन उद्योग**

क. वायुयान उत्पादन

ख. अति तीव्र गति रेलगाड़ी उत्पादन

ग. महागणक उत्पादन

घ. निर्देश निर्मित चिप उत्पादन

२८. **पूर्ण काला धन तथा कर–चोरी समाप्ति**

क. २५ हज़ार मुद्राकोष

ख. जनता के लिये निःशुल्क बैंक खाता तथा बैंक पत्रक

ग. सभी बड़े, मध्यम तथा छोटे व्यवसायों, दुकानों, तथा विक्रेताओं के लिए निरंतर कार्यरत भुगतान संजाल

घ. २ लाख ५० हज़ार निरंतर कार्यरत भुगतान सेवा सहायता केंद्र

ङ. सभी भुगतान केवल बैंक पत्रक द्वारा अनिवार्य

च. बैंक से केवल अधिकतम १ हज़ार रुपये नकद प्रति माह प्रत्येक परिवार के लिये निकालना सम्भव

२९. **सभी ५ हज़ार प्रबन्धित राष्ट्रखण्डों में निर्वाचित जनप्रतिनिधियों की जनसभाएं**

क. प्रत्येक शनिवार तथा रविवार को जनता से प्रतिपुष्टि एवं कार्यवाही के लिये निर्वाचित जनप्रतिनिधियों का जनसभाओं में जनता से वार्तालाप, स्पष्टीकरण, सुधार सुझाव, विचार–विमर्श

३०. **पोषण**

क. खाद्य पदार्थों में मिलावट की पूर्ण समाप्ति

ख. १० हज़ार अत्युतम कोटि के भोजनालय

३१. **जल संसाधन – सम्पूर्ण जल उपयोग के लिये सुविस्तृत नहर, जलाशय, उदीचन यंत्र सहित जल संकलन/ शुद्धिकरण संजाल द्वारा उन्नत स्वचालित शून्य**

बाढ़/अकाल, शून्य पेयजल अभाव, शून्य नदीजल प्रदूषण प्रणाली

सम्पूर्ण जल उपयोग एवं नियंत्रण की उन्नत विशिष्टताएं

यह स्वचालित नियंत्रण, मापन तथा निरीक्षण सहित आधुनिक, स्वचालित प्रणाली एक मौलिक, शक्तिशाली, विशाल जल नियंत्रण तथा उपयोग प्रणाली होगी. इसकी निम्न उन्नत विशेषताएं होंगी :–

क. विस्तार क्षेत्र

इसमें निम्नलिखित सम्मिलित होंगे :–

१. उत्तर प्रदेश की लगभग २० से ३० नदियों के लिये

२. उत्तर प्रदेश के समस्त लगभग २.५ लाख वर्ग कि. मी. क्षेत्र के लिये लाभदायक

ख. आधारिक मूलभूत संरचना

अ. नहर, जलाशय, उदीचन यंत्र सहित जल संकलन/शुद्धिकरण संजाल

नहर, जलाशय, उदीचन यंत्र तथा जल शुद्धिकरण संयंत्र की अनुमानित आधारिक संरचना इस प्रकार है:–

१. भूमिगत जल संग्रह जलाशय – लगभग २ हज़ार

२. जल संग्रह जलाशय निर्गम द्वार – लगभग ५ हज़ार

३. पेयजल शुद्धिकरण संयंत्र – लगभग २ हज़ार

४. अशुद्ध/जलनिकास जल शुद्धिकरण संयंत्र – लगभग २ हज़ार

५. नहर वितरण संजाल – लगभग २० से ३० हज़ार वर्ग कि.मी.

६. नहर संयोजन द्वार – लगभग १० से २० हज़ार

७. समस्त आवासगृहों तथा भवनों के लिये पेयजल वितरण संजाल – लगभग ३ करोड़ आवासगृह/भवन

आ. मापन तथा निरीक्षण संजाल

मापन तथा निरीक्षण संजाल की अनुमानित आवश्यकता इस प्रकार है :–

१. वर्षा जलस्तर मापन स्थल – लगभग १ हज़ार

२. नदी जलस्तर मापन स्थल – लगभग २ हज़ार

३. जल संग्रह जलाशयस्तर मापन स्थल – लगभग २ हज़ार

४. नहर जलस्तर मापन स्थल – लगभग ५ हज़ार

५. नदी जल शुद्धतास्तर मापन स्थल – लगभग १ हज़ार

परिशिष्ट १

आजीविका साधन सुयोग का स्थूल अनुमान

आजीविका साधन सुयोग का स्थूल अनुमान

सम्पूर्ण भारत में मौलिक रूपान्तरण कार्यक्रम के क्रियान्वयन से उत्पन्न आजीविका साधन सुयोग के स्थूल अनुमान के लिये कुछ सरल आकलन आगे प्रस्तुत किया गया है. यह पूर्ण रूप से अनुमानित आकलन है.

६० हज़ार प्रबन्धित राष्ट्रखण्डों के लियेः–

प्रबन्धित राष्ट्रखण्ड प्रबंधन	२४ लाख
क्रीड़ा अध्यापक	६ लाख
संगीत अध्यापक	६ लाख
व्यावसायिक विद्यालय अध्यापक	६ लाख
चिकित्सालय	१८ लाख
विक्रय केंद्र	१८ लाख
आधारिक संरचना निर्माण	१८ लाख
प्राथमिक विद्यालय अध्यापक	१८ लाख
माध्यमिक विद्यालय अध्यापक	१८ लाख
महा–/विश्व–विद्यालय प्राध्यापक	१२ लाख

दुग्धालय	६ लाख
भोजनालय	१२ लाख
उद्यान	२० लाख
परिवहन सेवाएं	६ लाख
बालगृह	१२ लाख
पुस्तकालय	६ लाख
गाड़ी पड़ाव स्थल	२ लाख
आपदा सहायता केंद्र	६ लाख
न्याय व्यवस्था	६ लाख
शौचालय	४० लाख
स्वच्छता निर्वाहन	१ करोड़
निरंतर कार्यरत भुगतान सेवा प्रणाली	२० लाख
निरंतर कार्यरत भुगतान सेवा सहायता केंद्र	२० लाख
अनुसन्धान केंद्र	१ लाख
भारी उद्योग	४ लाख
पुलिस	४ करोड़
सुरक्षा	४ करोड़
उप–योग =	१२ करोड़ ५ लाख
अप्रत्यक्ष आजीविका साधन सुयोग	१ करोड़
कुल योग =	१३ करोड़ ५ लाख

इस प्रकार अनुमानित आकलन के अनुसार सम्पूर्ण भारत में मौलिक रूपान्तरण कार्यक्रम के क्रियान्वयन से लगभग १४ करोड़ आजीविका साधन सुयोग उत्पन्न किये जा सकते हैं.

हिंदी–अंग्रेजी शब्दावली

हिंदी–अंग्रेज़ी शब्दावली सूची

इस पुस्तक में प्रयुक्त कुछ तकनीकी हिंदी शब्दों की उनके अंग्रेज़ी के समकक्ष शब्दों के साथ शब्दावली सूची यहाँ प्रस्तुत की गई है.

हिंदी	English
अंतःकक्षीय खेल	indoor game
अनुबंध	contract
अनुशंसित	recommended
अखिल भारतीय चिकित्सा विज्ञान संस्थान	AIIMS
अभिकल्प	design
अभिनव उत्पाद	innovative product
अभिन्यास	layout
अभियंता	engineer
अवतरण	landing
आंकड़ा आधार	database
आकलन	calculation
आधारिक संरचना	infrastructure

आभासी वैयक्तिक संजाल	VPN (Virtual Private Network)
आवृत्ति	frequency
उत्पाद	product
उदीचन यंत्र	pumping machine
उद्भव	evolution
उपचारिका	nurse
एकीकरण	integration
एकीकृत	integrated
कार्यसंपादन	transaction
कार्यान्वयन	implementation
क्रियान्वयन	implementation
क्रीड़ा–गृह	sports club
क्रीड़ा–संघ	sport club
गणक नियन्त्रित संख्यात्मक यन्त्र	CNC machine
गाड़ी पड़ाव स्थल	parking
चलनशील चित्रित	mobile video
चालक अनुज्ञापत्र	driving licence
जलयान	ship
तंत्र	system
तरणताल	swimming pool
नवप्रवर्तनशील	innovative
नवोत्पादिक प्रवीणता	innovative skill
नाभिकीय द्रवण–उर्जा	nuclear fusion energy
निरंतर कार्यरत	online

निरंतर कार्यरत भुगतान संजाल	On-line payment network
निरीक्षण	monitoring
निर्देश निर्मित	custom built
निष्पादन	execution
पत्रक	card
परिकलन	calculation
परिकल्पना	design
परिदर्शिका	manual
परिनियोजन	deployment
परिरूप	design
परिवहन	transport
परिवाद	complaint
पारपत्र	passport
पुनरावलोकन	review
पृष्ठ–कार्यालय	back-office
प्रकल्प	project
प्रगति विवरण सूचना	reporting
प्रज्ञ प्रणाली	intelligent system
प्रणाली	system
प्रतिपुष्टि	feedback
प्रतिरूप	model
प्रतिस्थापन	replacement
प्रवासन	migration
प्रारूप	design

प्रेक्षागृह	auditorium
भारतीय प्रबंध संस्थान	IIM
भारतीय प्रौद्योगिक संस्थान	IIT
महागणक	supercomputer
मानवीय विकास सूची	Human Development Index
मापन	measurement
मुद्राकोष	bank
यंत्र	machine
यातायात	traffic
युक्ति	design
लेखारोपण	registration
विक्रय केंद्र	supermarket
विन्यास	disposal
विमानतल	airport
वैयक्तिक गणक	PC
व्यापार गृह	shopping centre
व्यायाम केंद्र	fitness centre
शरीर क्रियाविज्ञान	physiology
शारीरिक व्यायाम केंद्र	fitness centre
शिशुसदन	creche
संगणक	computer
संघटित	integrated
संजाल	network
संमिश्रण	combination

संयंत्र	plant
संयुक्त राष्ट्रसंघ	United Nations
संयोजन	connection
संव्यावसायिक	professional
संसाधन	resources
संसूचना अनुप्रयोग	IT application
संस्थापना	installation
समन्वयन	coordination
सहायक उपसाधन	accessory
सान्कल्पिक दृष्टिकोण	vision
सुयोग	opportunity
सूचना प्रौद्योगिकी	information technology
सेवानिवृत्ति–वेतन	pension

---------------------- पेज 2-------------------

परिवर्तन के लिए अधिक प्रशंसा आपका प्रश्न, आपके जीवन को बदल

"परिवर्तन में गु ई विचारों को अपने प्रश्न, आपके जीवन को बदल गहरा पड़ा है
मुझे और मेरे व्यवसाय पर प्रभाव। कुछ किताबें ओ एफएफ एर इस तरह के संभावित बदलने के लिए अपने काम और जीवन में सब कुछ। इस पुस्तक को पढ़ें और कैसे उपयोग करने के लिए सीख
क्रांतिकारी बदलाव की भनक गु प्रश्न के सत्ता में अपनी सोच, समाधान, और
परिणाम है। "
-Larina कासे, PsyD, एमबीए, गु ई कोन फाई सेंध नेता के लेखक और
न्यूयॉर्क टाइम्स बेस्टसेलर वें ई कोन फाई के सह-लेखक सेंध अध्यक्ष

"परिवर्तन, व्यक्तियों या संगठनों के लिए, हमेशा नए के साथ शुरू होता है
प्रशन। Marilee एडम्स हमारे लिए सरल अभी तक अविश्वसनीय रूप से शक्तिशाली उपकरण देता है फाई सवाल है कि हमारे जीवन में बदलाव के लिए हमारे रास्ते nding। "

-Myron रोजर्स, एक सरल तरीके के सह-लेखक

'कांग्रेस या भौतिकी प्रयोगशाला में, मैं पूछ की महत्वपूर्ण कौशल पर ध्यान केंद्रित
अपने आप कठिन सवाल है, एक ही रास्ता है कि वे चुनाव उत्तर दिया जा सकता में फंसाया
structively। Marilee एडम्स के शिक्षाप्रद पुस्तक सिखाता है, एक कुशल, पठनीय में
जिस तरह से, सही सवाल पूछने के लिए तकनीक तो हम वरीय प्राप्त कर सकते हैं
हमारे व्यक्तिगत और व्यावसायिक जीवन में परिणाम और भी हम कैसे कर सकते में
विचारशील नागरिक के रूप में योगदान देते हैं। "

-Rush होल्ट, अमेरिका कांग्रेसी

"Marilee एडम्स की भनक प्रौद्योगिकी गु व्यावहारिक प्रश्न प्रदान करता है एक
सोचा और जांच की सटीक है कि लोगों को जल्दी को पाने के लिए सक्षम बनाता है
मुद्दों की कोर। हम तुरंत एक करने के लिए नए दृष्टिकोण की इस तरह की जरूरत
की जटिल समस्याओं से निपटने के लिए 'transpartisan' परिप्रेक्ष्य हमारे
विश्व। मैं दृढ़ता से उसकी अनूठी और शक्तिशाली काम सलाह देते हैं। "

-Don एडवर्ड बेक, पीएचडी, सर्पिल गतिशीलता के सह-लेखक

"अच्छा किया, डॉ एडम्स। परिवर्तन आपके प्रश्न, बदलें, अपने जीवन है
दुर्लभ पुस्तक है कि मैं लगभग हर दिन का उपयोग करें। मैं करने के लिए शिक्षार्थी सवाल पूछा जल्दी से
एक नाजुक संगठनात्मक स्थिति है कि के लिए असभ्य लग रहा था बदलना
एक पूरे वर्ष। भनक काम वें अपने प्रश्न मानदंड बदल जाता है, organiza-
माहौल है, और जीवन। यह एक क्लासिक है! "
-प्रका। डॉ जॉन McAuley, अध्यक्ष और सीईओ, Muskoka वुड्स

"मैं वास्तव में इस प्यार किया था किताब और यह सबसे अधिक व्यावहारिक मैंने कभी है में से एक है पढ़ें। गु ई सबसे बड़ी बात यह है कि यह एक 'एक और किया' किताब की तरह नहीं है। तुम हूँ
फाई खुद के फिर से और फिर इसे करने के लिए वापस जा रहा है एन डी। और तुम डी फाई nitely फाई एन डी
खुद के मित्रों और सहकर्मियों के साथ साझा। मैं जानता हूँ कि मेरे पास है। "
-Tracy डेविडसन, एंकर और उपभोक्ता रिपोर्टर,

एनबीसी न्यूज 10 के फिलाडेल्फिया

---------------------- पेज 3-------------------

"प्रश्न ओ एफएफ नेताओं एक नए प्रतिमान भनक रोगियों, परिवारों, और चिकित्सकों गु
रोगी और रिश्ते के लिए देखभाल केंद्रित। गु ई सरल अभी तक गहन
सवालों का ढांचा संभावित हर स्तर पर योगदान करने के लिए है,
स्वास्थ्य देखभाल के परिवर्तन के लिए। "
-Cynda हिल्टन रशटन, पीएचडी, आर एन, FAAN, एसोसिएट प्रोफेसर,
नर्सिंग और बाल रोग, जॉन्स हॉपकिंस विश्वविद्यालय के स्कूल
नर्सिंग, रॉबर्ट वुड जॉनसन कार्यकारी नर्स बंदे

"हम अपने सिमुलेशन में इतनी सफलतापूर्वक भनक कि यह नेतृत्व गु प्रश्न का उपयोग किया है
कैसे लोगों को समस्याओं के दृष्टिकोण एक क्रांतिकारी परिवर्तन के लिए। यह भी बनाया
उनके व्यवहार में एक तत्काल और निरंतर परिवर्तन। एक संगठनात्मक में
संस्कृति, और लोगों को इन प्रक्रियाओं सिखाया जा सकता है, अधिक से अधिक सकारात्मक

प्रभाव यह उत्पादकता और नीचे लाइन पर हो सकता है। "

-Carmella Granado, संगठनात्मक ई एफएफ ectiveness के वरिष्ठ निदेशक,

फ्लेक्सट्रॉनिक्स

"Marilee किसी से भी होशियार सवाल पूछने के बारे मुझे पता है कि
वास्तव में मायने रखता है।"

-Lillian ब्राउन, आपका सार्वजनिक बेस्ट और गु के लेखक पॉलिश राजनेता ई,

नाम "सदी के फ्लोरिडा uential पीआर लोगों में 100 सबसे में से एक" द्वारा

पीआर वीक

"गु किताब महान है। मैं इसे नीचे रख नहीं सकता है! यह स्पष्ट रूप से संचार कैसे
सवाल हम अपने आप से पूछना है और दूसरों को हमारी निर्धारित परिणाम है और इस
सफल बिक्री के लिए सभी di एफएफ erence बनाता है। मैं दृढ़ता से अनुशंसा बदलें
आपका प्रश्न, जो हर किसी के अपने बिक्री पाठ्यक्रम लेता है आपके जीवन को बदल। "

-Jacques Werth, उच्च संभावना बेचना के सह-लेखक

"पुस्तक गु है व्यक्तियों और संगठनों के लिए
सफलता के लिए एक निमंत्रण है। डॉ
Marilee एडम्स के लिए एक आश्चर्यजनक रूप से
सरल और शक्तिशाली अभ्यास बनाया गया है
सीखने की है कि हमारे लक्ष्य के लिए हमें आगे
बढाती है। सभी के सर्वश्रेष्ठ, एक ही प्रथाओं कि
बनाना
व्यक्तियों के लिए एक di एफएफ erence भी ओ
एफएफ एर व्यावहारिक और प्रभावी दिशा निर्देशों
संगठनों सीखने। "

-Victoria जे Marsick, पीएचडी, प्रोफेसर,
शिक्षक कॉलेज, कोलंबिया
विश्वविद्यालय, और सीखने संगठन sculpting
की सह-लेखक

"ताज़ी हवा का झोंका। बेशक, दोनों सवाल और
जवाब neces- हैं
Sary, लेकिन अगर आप केवल जवाब पर ध्यान
देते हैं, दुनिया को एक बहुत छोटी सी जगह हो
जाता है
वास्तव में। Marilee एडम्स नवाचार,
रचनात्मकता के लिए दरवाजा खोलने में मदद
करता है, और
प्रेरणा स्त्रोत। गु किताब एक खजाना सीने है। "

-Harrison ओवेन, ओपन स्पेस टेक्नोलॉजी के संस्थापक और लेखक
लहर सवार

------------------------------ पेज 4

"गु किताब पर फिर से विचार करने के लिए संगठन के नेताओं का कारण हो सकता है उनकी
दक्षताओं की सूची। अगर सवाल गु भनक पहले से ही वहाँ नहीं है, यह समय हो सकता है
ड्राइंग बोर्ड पर वापस जाने के लिए। Marilee दर्शाता है क्यों यह क्षमता है
बिल्कुल संगठन और नेतृत्व सफलता और कितनी आसानी से करने के लिए आवश्यक
यह हासिल किया जा सकता है। "
प्यार के -Beverly काए, पीएचडी, सह-लेखक उन्हें 'उन्हें या हार' और यह प्यार है,
इसे छोड़ नहीं है

"यह डॉ एडम्स के प्रश्न गु भनक उपकरण है कि मैं था के उपयोग के माध्यम से किया गया
लोगों को एक अत्यधिक के लिए एक सार्थक और सफल संकल्प तक पहुँचने में मदद करने के लिए सक्षम
विवादास्पद परियोजना। एक Judger मानसिकता से करने के लिए एक समाधान उन्मुख स्थानांतरण

एक लोगों विरोधात्मक भूमिकाओं से बाहर ले जाने के लिए मदद की है और उन्हें सक्षम करने के लिए सह
एक साझा समुदाय बनाने के लिए। "

-Tracey Pilkerton Cairnie, एमएस, सहायक प्रोफेसर, कोन FL आईसीटी विश्लेषण
और संकल्प, जॉर्ज मेसन विश्वविद्यालय

"Marilee के प्रश्न भनक काम गु illu- करने के लिए सवालों का उपयोग करने के लिए कैसे हमें पता चलता है
विकल्प minate और हमें कैसे हमारे काम और निजी प्रबंधन करने के लिए समझने में मदद
सबसे सकारात्मक और उत्पादक तरीके में रहती है। Marilee, एक Terri फाई ग प्रस्तोता है
और हमारे उच्च क्षमता के नेताओं के लिए उसे कार्यशालाओं एक उल्लेखनीय फाई खिचड़ी भाषा बनाया और
सकारात्मक प्रभाव।"

-Liz बैरन, निदेशक, कार्यकारी नेतृत्व कार्यक्रम,
गु ई ब्रूकिंग्स इंस्टीट्यूशन

"गु है कल्पित ओग Mandino शैली में एक क्लासिक हो किस्मत में है। सवाल
गु भनक अपने जीवन और अधिक ई एफएफ निजी इतिहास की परवाह किए बिना ective कर देगा,

व्यक्तित्व का प्रकार, या पेशे। इस किताब को खरीदने के लिए और यह आज रात को पढ़ा। आपका जीवन
पहले जैसा कभी नहीं होगा।"
-Stewart लेविन, गु के लेखक समझौते की पुस्तक ई और के लिए हो रही
संकल्प

"बदलें आपका प्रश्न, आपके जीवन को बदल एक अद्भुत वार्तालाप है। साथ में
स्पष्टता और पहुंच, Marilee मॉडल एक प्रक्रिया है जिसके तहत हम intention- कर सकते हैं
सहयोगी आंतरिक जांच के हमारे रास्ते बदल जाते हैं। के प्रति जागरूक आरोप में होने की कल्पना
हमारे अपने विचारों! डिब्बे, पेशेवरों की मदद करने, और के लिए एक अद्भुत उपकरण
सब जो उनके भीतर बातचीत को बदलने की इच्छा।
"
-Pamela Richarde, मास्टर प्रमाणपत्र फाई एड कोच, पूर्व अध्यक्ष,
अंतर्राष्ट्रीय कोच संघ

"प्रश्न गु भनक प्रतिभाशाली और सरल है। Marilee दर्शाता है कि कैसे आप

अपने जीवन के किसी भी और हर क्षेत्र को बदलने के लिए सवालों की शक्ति का उपयोग कर सकते हैं।
अपने प्रश्नों के बदलने से आप जिस तरह से आपको लगता है बदलने में सक्षम हैं,
जिस तरह से आप काम करते हैं, और महत्वपूर्ण बात, परिणाम प्राप्त कर सकते हैं। गु किताब एक है
काम पर या घर पर सकारात्मक परिणाम के लिए देख किसी के लिए आदर्श गाइड है। "
-Lori शेपर्ड, राष्ट्रपति, EDGEucation वर्ल्डवाइड उद्यम

---------------------- पेज 5 -----------------------

"मैं दो बार कवर करने के लिए इस पुस्तक कवर पढ़ें। मैं हर बार बहुमूल्य अंतर्दृष्टि था! मैं भी
लगता है कि यह नेताओं और डॉ उपयोग करने के राजनयिकों के लिए बेहद स्मार्ट होगा
एडम्स की पूछताछ के तरीके। यह हमारी दुनिया एक सुरक्षित जगह बना सकता है। "
डेविड Pensak, पीएचडी, Underdogs के लिए नवाचार के लेखक

"गु है किसी भी नेता हैं, जो शक्तिशाली परिणाम का उत्पादन करने के लिए चाहता है के लिए एक आवश्यकता नहीं है क्योंकि पढ़ा जाता है।
प्रस्तुत वें ई उपकरण सीधा अभी तक अत्यंत ई एफएफ की मदद करने में ective हैं
पाठक सवाल है कि उन लोगों के लिए प्रेरित करने के लिए प्रेरित सशक्त बनाने पूछने के लिए जानने के लिए, और
सकारात्मक बदलाव का उत्पादन। गु गु पुस्तक भनक है कि सवाल यह दर्शाता है
सही मायने में अपने निजी और पेशेवर जीवन को बदल सकते हैं। "
-Tara गोमेज़, कर्मचारी विकास के प्रबंधक, सामरिक प्रशिक्षण
सेवा, संयुक्त राज्य अमेरिका डाक सेवा निरीक्षण और हे एफएफआई सीई
इंस्पेक्टर जनरल

"भनक गु सवाल काम groundbreaking है, और डॉ Marilee एडम्स है
सोचा नेता हैं, जो इसे दुनिया के लिए पेश किया। मैं फाई एन डी आपके परिवर्तन
प्रश्न, बदलें, अपने जीवन से प्रेरित है और परिवर्तनकारी। इसलिए मेरे

लड़ाई सीखना के छात्रों। वें ey लगातार ढूंढने कि इन प्रश्न
के तरीके में उन्हें दिलाने और कार्रवाई की असली क्षमता करूँगा ful फाई की मदद
सीख रहा हूँ।"
-जॉन Czajkowski, जनता के एक एफएफ अकड़, अमेरिकी विश्वविद्यालय के स्कूल

"प्रश्न, जवाब से अधिक, बिजली हमारे जीवन को बदल दिया है।
भनक गु प्रश्न आप सफल समस्या को सुलझाने की दुनिया में लाता है
और निर्णय लेने की। परिवर्तन: गु पुस्तक उद्धार माल है
सुधार के निर्णय, और नवीनता। एक किताब वास्तव में अपने जीवन को बदल सकते हैं?
इसका जवाब है हाँ!' "
बांड की -Hildy और स्टेन Richelson, लेखक: गु को ई नाबाद पथ
सुरक्षित निवेश वृद्धि

"भनक कौशल गु प्रश्न का उपयोग तब्दील हो गया है कि मैं कैसे देख सकते हैं और में संचालित
दुनिया। मैं कहीं अधिक ई एफएफ एक कोच के रूप में और एक प्रबंधक के रूप में ective हूँ। मेरा विवाह

मजबूत और अधिक सुखद है, और मैं यह भी विश्वास है कि मैं एक बेहतर अभिभावक हूँ। मेरे बेटी भी अपने दोस्तों और शिक्षकों के साथ चुनाव के मानचित्र साझा करने प्यार! "

-Kim ऑब्री, लाइफ कोच

---------------------- ----------------------

पेज 6

परिवर्तन

तुंहारे

प्रशन

परिवर्तन

आपका जीवन

---------------------- ----------------------

पेज 7

जांच संस्थान के पुस्तकालय सीरीज

---------------------- ----------------------

पेज 8

परिवर्तन

तुंहारे

प्रशन

परिवर्तन

आपका जीवन

जीवन और काम के लिए 10 शक्तिशाली उपकरण

दूसरा प्रकाशन

Marilee एडम्स, पीएच.डी.

पेज 9

परिवर्तन आपके प्रश्न, आपके जीवन को बदल

"ध्यान दें: अनुमतियां समन्वयक," नीचे दिए गए पते पर।

बेरेट-कोहलर प्रकाशक, इंक
235 मांटगोमेरी स्ट्रीट, सुइट 650
सैन फ्रांसिस्को, कैलिफोर्निया 94104-2916
टेलीफोन: (415) 288-0260, फैक्स: (415) 362-2512
www.bkconnection.com

आदेश प्रिंट संस्करणों के लिए जानकारी

मात्रा बिक्री। विशेष छूट भ्रष्टाचार से मात्रा खरीद पर उपलब्ध हैं
porations, संघों, और दूसरों। जानकारी के लिए, "विशेष बिक्री से संपर्क करें
बेरेट-कोहलर पर विभाग "ऊपर दिए गए पते।

व्यक्तिगत बिक्री। बेरेट-कोहलर प्रकाशनों सबसे माध्यम से उपलब्ध हैं
बुकस्टोर्स। उन्होंने यह भी बेरेट-कोहलर से सीधे आदेश दिया जा सकता है: टेलीफोन:
(800) 929-2929; फैक्स: (802) 864-7626; www.bkconnection.com

कॉलेज की पाठ्यपुस्तक / पाठ्यक्रम गोद लेने उपयोग के लिए आदेश। संपर्क करें Berrett-कोहलर: टेलीफोन: (800) 929-2929; फैक्स: (802) 864-7626।

अमेरिकी व्यापार बुकस्टोर्स और थोक विक्रेताओं द्वारा आदेश। संपर्क करें इनग्राम
प्रकाशक सर्विसेज, टेलीफोन: (800) 509-4887; फैक्स: (800) 838-1149; ईमेल: customer.service@ingrampublisherservices.com; या यात्रा www.ingram
इलेक्ट्रॉनिक आदेश के बारे में जानकारी के लिए publisherservices.com/Ordering~~V।

बेरेट-कोहलर और बीके लोगो पंजीकृत हैं बेरेट-कोहलर के ट्रेडमार्क
प्रकाशक, इंक

दूसरा प्रकाशन
किताबचा प्रिंट संस्करण ISBN 978-1-57675-600-3
पीडीएफ ई पुस्तक का ISBN 978-1-60509-430-4

2009-1

KB कॉर्प और QTec काल्पनिक निगमों और उद्देश्य के लिए पूरी तरह से इस्तेमाल कर रहे हैं इस काम में चित्र की। लेखक किसी भी वास्तविक कॉर्पोरेशन से अनजान है
माहौल या संस्थाओं पंजीकृत या लेखन के समय में इस तरह के रूप में काम कर। कोई

इन और किसी भी वास्तविक संस्थाओं के बीच समानता विशुद्ध रूप से अनुकूल है।

पीपी पर चुनाव मानचित्र। 38-39, और पृष्ठ पर लेन ग्राफिक स्विचिंग
75 जॉन विले एंड संस द्वारा दोनों कॉपीराइट © 1998 हैं।

डिजाइन और उत्पादन: Detta पेन्ना; Copyediting: पेट्रीसिया शराब बनानेवाला; प्रूफ़: कैथरीन ली; डिजाइन को कवर: MVB डिजाइन

---------------------- ----------------------

पेज 10

एड एडम्स के लिए,
मेरे पति और सरस्वती

---------------------- ----------------------

पेज 11

यह पृष्ठ इच्छापूर्वक कोरा रखा गया

---------------------- ----------------------

पेज 12

अंतर्वस्तु

सातवीं

---------------------- ----------------------

पेज 13

यह पृष्ठ इच्छापूर्वक कोरा रखा गया

---------------------- ----------------------

पेज 14

प्रस्तावना

मार्शल सुनार

"पढ़ने कैसे बदल सकते हैं आपका
प्रश्न, आपका जीवन में मदद बदले आप और जो लोग

महत्वपूर्ण रहे हैं तो आप बेहतर जीवन के लिए है?
"गु है कुंजी सवाल है
tion मेरे मन में रखने के रूप में आप इस बहुमूल्य
पढ़ने के लिए आप से आग्रह करता हूं
किताब। गु ई महान विचारों को यहाँ प्रस्तुत किया,
उपकरणों की एक प्रणाली में
Marilee एडम्स प्रश्न भनक गु कहता है, एक ठोस
नए प्रदान
सोचने का तरीका है कि सभी में एक सकारात्मक
di एफएफ erence कर सकते हैं
हमारे जीवन।
इस पुस्तक है कि मुझे मदद में कई विचार कर रहे
हैं।
तुम कुछ तुम भी मदद मिलेगी कि खोजने के लिए
सुनिश्चित कर रहे हैं। परिवर्तन
आपके प्रश्नों, कौशल को बदलने के लिए अपने
जीवन तरीके प्रदान करता है,

नौवीं

पेज 15

और आसानी से लागू करने के सवाल दोनों सोच के
लिए उपकरण

घर पर और काम पर। के साथ शुरू करने के लिए, Marilee कैसे पता चलता है

हम और अधिक प्रभावी और पर ध्यान केंद्रित करके कुशल बन सकता है

बजाय सीखने को पहचानने। एक बौद्ध के रूप में, मुझे पता है यह है

एक खुश, अधिक उत्पादक जीवन होने की कुंजी है।

Marilee हमें सवाल को निर्देशित करने की शक्ति का पता चलता

हमारी सोच है, और इसलिए हमारे कार्यों और परिणाम है। इस

इसका मतलब है कि हम जानबूझकर डिजाइन द्वारा भविष्य को प्रभावित कर सकते हैं

हमें वहाँ प्राप्त करने के लिए सबसे शक्तिशाली सवाल हैैं। यही कारण है कि

क्या महान कोचिंग के बारे में सब है। यह भी क्या महान नेताओं है

करते हैं - वे हमें नए वायदा के सपने के साथ प्रदान करते हैं। Marilee

दोनों कोचों और opti- करने के लिए नेताओं के लिए सवाल उपकरण प्रदान करता है

Mize और अपने मिशन को पूरा करना।

यह कोई आश्चर्य की बात है कि बदले आपका सवाल है, बदलें

आपका जीवन एक बेस्टसेलर बन गया। यह एक वास्तविक मतभेद का इतना बनाया

लोगों के जीवन के साथ कि वे पुस्तक साझा में ference उनकी

टीमों और उनकी कंपनियों और उनके परिवारों के साथ भी और

दोस्त। परिचय में कहानी यह सब कहते हैं - एक पाठक

Marilee लिखा है कि वह पुस्तक में तरीकों का इस्तेमाल किया है ताकि सफल

cessfully कि उनकी कंपनी इंक पत्रिका में उल्लेख मिला है।

यही कारण है कि यह भी है कि क्यों इतने सारे कोचों सवाल सोच का उपयोग

तरीके और भी उनके coachees को किताब दे।

एक कार्यकारी कोच के रूप में अपने मिशन में, मैं सफल मदद

नेताओं बेहतर मध्यम श्रेणी का परिणाम मिलता है। यह शिक्षण शामिल

एक प्रक्रिया feedforward बुलाया। नेताओं के विचारों के लिए पूछने के लिए सीख

भविष्य के लिए कदम। वे बिना सुनने की क्षमता को निखारने उनकी

न्याय और कहने के लिए सुझाव के लिए "धन्यवाद"। Marilee

एक्स

प्रस्तावना

---------------------- ----------------------

पेज 16

इस 'शिक्षार्थी सुन रहा है। "फोन होगा यह सभी के लिए अमूल्य है
कोचों, नेताओं और प्रबंधकों।
Racecar चालकों को सड़क पर "फोकस करने के लिए सिखाया जाता है - नहीं
दीवार। "क्या आप इस किताब को पढ़ने के रूप में, सड़क है कि प्रतिनिधि पर ध्यान केंद्रित
सवाल है कि नेतृत्व पूछ कर अपनी उच्चतम क्षमता resents
इस तरह के रूप में एक बेहतर भविष्य है, "क्या कर रहे हैं सबसे बड़ा सकारात्मक
संभावनाओं मैं कल्पना कर सकते हैं? "
दूसरे संस्करण के पहले से भी अधिक बचाता है।
नए अध्याय और उपकरण भी अधिक सामग्री बनाने
सुलभ और व्यावहारिक है। परिवर्तन आपके प्रश्न, बदलें
आपका जीवन हम सब के लिए महान ज्ञान है। यह बहुत गंभीरता से ले।

अपनी आस्तीन ऊपर रोल और काम करने के लिए मिलता है। सबसे अच्छा तरीका पाने के लिए
इस पुस्तक का सबसे बाहर यह सब कुछ अभ्यास करने के लिए है!
ज़िंदगी अच्छी है!

मार्शल सुनार

लेखक, तुम यहाँ क्या समझे अरे गु तुम नहीं मिलेगा

हेरोल्ड लांगमैन पुरस्कार के विजेता
2007 के सर्वश्रेष्ठ व्यापार पुस्तक के रूप में

अमेरिकी मैनेजमेंट एसोसिएशन द्वारा नामांकित
50 महान विचारकों और फ्लोरिडा uencing में नेताओं में से एक के रूप में
पिछले 80 वर्षों में प्रबंधन की फाई वृद्धावस्था

इलेवन
प्रस्तावना

---------------------- ----------------------

पेज 17

यह पृष्ठ इच्छापूर्वक कोरा रखा गया

----------------------- -----------------------

पेज 18

परिचय

एक गर्मी की दोपहर के बाद शीघ्र ही
इस पुस्तक की पहली संस्करण में प्रकाशित किया गया था, मैंने जवाब दिया मेरे
ओ एफएफआई सीई फोन एक आदमी का तेजी से बढ़ता आवाज की घोषणा, "तुम सुनने के लिए
मुझे नहीं पता, लेकिन मैं बेन हूँ। "वह हँसा, और मैं हंसा
क्योंकि मैं जानता था कि वह वास्तव में क्या refer- था उसके साथ
अंगूठी के लिए। बेन बदलें में आपके प्रश्नों का मुख्य चरित्र है,
इतना उसके साथ अपने जीवन, और इस फोन करने वाले की पहचान फाई एड बदलें
कि उन्होंने सोचा था कि मैं भी उसे और उसके संगठन की मदद कर सकता है।

अब तक, बेन मेरी पढ़ें- से कई के लिए लगभग प्रसिद्ध है
नेताओं। होने का गर्व है "उत्तर यार," वह उनका मानना चाहिए
हमेशा जवाब है और हमेशा सही होना चाहिए। में

1

---------------------- ----------------------

पेज 19

कहानी - एक व्यवसाय के कल्पित कहानी है जिसके माध्यम से पाठकों का अनुभव
प्रश्न विचारों की व्यावहारिक सत्ता - बेन flounder- है
अपने नए नेतृत्व की स्थिति में है। लेकिन वह सब नहीं है। वह है
घर पर भी परेशानी हो रही है। ग्रेस के साथ उनका रिश्ता है,
एक साल से भी कम के बारे में उनकी पत्नी, तेजी से तनाव बढ़ रहा है।
जब हम पहली बार उससे मिलने, बेन एक दुखी आदमी है।
एक से है कि पहले टेलीफोन कॉल के बाद "बेन," मैं मिला है
दोनों पुरुषों और महिलाओं से इसी तरह के कई संदेशों। एक
पाठक, डेविड, मुझे लिखा है कि बेन की तरह, वह trou- में गया था
काम पर ble, विशेष रूप से अपनी टीम के साथ। बदलें पढ़ने के बाद

आपके प्रश्नों वह अपने ही सवालों बदल गया है और में,
प्रक्रिया है, उनके नेतृत्व शैली बदल दिया है। उन्होंने कहा कि अंततः इसलिए किया गया था
सफल परिणाम इंक में एक लेख में शामिल किया गया है कि
पत्रिका। आप ने उस लेख के लिए संदर्भ मिल जाएगा
इस पुस्तक के अंत में नोटों।

परिवर्तन आपके सवाल है तो कई के साथ एक ही राग अलापा गया है
पाठकों है कि यह एक बेस्टसेलर बन गया है। पहली आभास मैं
इसके प्रभाव का था पर जब वरिष्ठ प्रबंधक हुआ
बड़ी दवा कंपनी ने मुझे एक निमंत्रण के साथ बुलाया
मेरी किताब की विशेषता एक चर्चा समूह में। वह cop- भेजा था
उसके 50 सदस्यों को एँ विश्व स्तर के साथ टीम छितरी
सिर्फ एक निर्देश: "के साथ पुस्तक चर्चा करने के लिए आओ
कुछ का एक उदाहरण आप एक परिणाम के रूप में अलग ढंग से किया है

की इस किताब को पढ़ने। "बैठक के दिन मैं ush-
था
तीस के बारे में लोगों के साथ बैठा एक सम्मेलन कक्ष में जुटी
एक बड़ी मेज के चारों ओर। दूसरों स्पीकरफोन से हमें शामिल हो गए। मैं
व्यक्ति के रूप में विस्मय में सुनी के बाद व्यक्ति वर्णित

पेज 20

वे परिणाम प्राप्त था। एक आदमी ने हमें बताया कि वह आगे चल रही है उसकी
टीम अधिक सफलतापूर्वक, एक औरत है कि उसके संबंध साझा
एक प्रत्यक्ष रिपोर्ट के साथ जहाज में काफी सुधार हुआ था, और
ब्राजील में एक संयंत्र प्रबंधक बताया कि कैसे किताब पढ़
उसे समझते हैं और अपने संयंत्र में एक समस्या को सही मदद की।
तब से, मैं परिणाम केंद्रित प्रश्न दिया है

दुनिया के सबसे बड़े भ्रष्टाचार में से कुछ पर प्रस्तुतियों में सोच रही थी
porations, प्रमुख संघीय एजेंसियों में, गैर-लाभकारी संगठनों पर है, और में
समुदायों। मोटे तौर पर मुंह, परिवर्तन के शब्द के माध्यम से
आपके प्रश्नों के नेतृत्व में आवश्यक पढ़ने बन गया है
विकास कार्यक्रमों, कार्यकारी कोच प्रशिक्षण, और सहयोगी
लेजे पाठ्यक्रमों। आईटी कंपनियों और सरकार में टीमों द्वारा प्रयोग किया जाता है
जाहिर एजेंसियों, प्रमुख अस्पताल में स्वास्थ्य देखभाल पेशेवरों द्वारा
tals, और मानव संसाधन पेशेवरों के रूप में अच्छी तरह से उन लोगों के रूप से
बिक्री में। यह चर्च द्वारा प्रायोजित शादी संवर्धन में प्रयोग किया जाता है
जेलों में कार्यशालाओं, निर्णय लेने के कार्यक्रमों में, और के रूप में
संगठनों में रचनात्मकता और नवीनता की पहल का हिस्सा
बड़े और छोटे। समुदाय के नेताओं ने इसे इस्तेमाल किया है पता लगाने के लिए

रचनात्मक प्रतिक्रियाओं भीतरी शहरों में चुनौतियों का सामना करने के लिए मुश्किल।
कोच और मध्यस्थों से उनके ग्राहकों को दे। लोगों का हिस्सा
यह अपने साथियों, उनके वयस्क और किशोर बच्चों को, और साथ
अपने मित्रों और सहकर्मियों।
एक आश्चर्य हो सकता क्यों बदल आपका सवाल है इस तरह के बड़े पैमाने पर कर्षण फायदा हुआ। प्रश्न सोच (क्यूटी),
हमारी क्षमता - किताब के दिल, एक पुरानी मुद्दे पर ले जाता है
द्वारा हमारी अपनी सोच, पल पल का प्रभारी होने के लिए
पल। क्यूटी देख और हमारे आकलन करने के लिए कौशल प्रदान करता है

3
परिचय

---------------------- ----------------------

पेज 21

वर्तमान सोच - सवाल हम पूछ रहे हैं our- सहित खुद - और फिर हमारे लिए नए सवालों को डिजाइन करने में गाइड

बेहतर परिणाम हो रही है। दूसरे शब्दों में, क्यूटी हमें समर्थक लगता है कि मदद करता है ductively नहीं बल्कि प्रतिक्रियात्मक रूप से, और बुद्धिमानी से नहीं बल्कि चयन करने के लिए से बस प्रतिक्रिया। थिंक के लिए इस तरह के एक विश्वसनीय क्षमता निर्माण आईएनजी जानबूझकर और sustain- के लिए आवश्यक कौशल के लिए केंद्रीय है सक्षम परिवर्तन, कि परिवर्तन हमारे profession- में मांग की है कि क्या अल या निजी जीवन। इन कौशल के बिना, बदलाव के लिए हमारे लक्ष्य केवल उदास नारे कि कभी सफल हो जाएगा हो सकता है।

प्रश्न सोच एक महत्वपूर्ण क्षण के साथ शुरू हुआ मेरे अपने जीवन में खोज की। मैं एक निर्धारित युवा gradu- था छात्र अपने पीएच.डी. पर दूर काम कर खाया निबंध। न सिर्फ़ मैं एक क्रूर भीतर का आलोचक सहना था, लेकिन दूसरों से आलोचनाओं अक्सर मेरे आँसू में छोड़ दिया है। एक प्राणहर दिन, उच्च प्रशंसा की उम्मीद कुछ काम के लिए अपने सलाहकार से मैं के बारे में बहुत अच्छा लगा, मैं बजाय

उसके पास से सुना, "Marilee, यह सिर्फ स्वीकार्य नहीं है।" इस पर

पल कुछ नया हुआ। इसके बजाय डबडबाई आँखों की won-

dering मेरे साथ क्या गलत था, मैं एक गहरी साँस ली, और

शांत और जिज्ञासु बनने के लिए, बस उस से पूछा, "ठीक है, कैसे

मैं इसे ठीक है? "यही कारण है कि साधारण परिवर्तन मुझे लग रहा है सत्ता से लिया

काफी आश्वस्त रचनात्मक कार्रवाई करने के लिए किया जा रहा करने के लिए कम है।

उसके बाद मैं सोच रहा था, इस सूरत चमत्कार दिया जा सकता है

खुद को और दूसरों के लिए एक विश्वसनीय पद्धति में? और इसलिए मैं शुरू कर दिया।

के बारे में वास्तविक लाने के लिए अपनी शक्ति के बावजूद, sus-

tainable परिवर्तन, उपकरण और सवाल सोच का कौशल

दोनों सरल और व्यावहारिक हैं। पाठकों का कहना है कि क्यूटी समर्थक

vides एक प्राकृतिक "कैसे" वे कई पुस्तकों में लापता खोजने पर

परिचय

----------------------- -----------------------

पेज 22

व्यापार और व्यक्तिगत विकास। बार-बार, पढ़ें-
दाऊद की तरह नेताओं ने मुझे बताया कि बेन की
कहानी दिखाने में सफल होता है
उन्हें कैसे वास्तविक परिवर्तन तो यह है कि अपनी
जान रहे हैं बनाने के लिए
अलग अलग और बेहतर है। इससे अधिक कुछ नहीं
satis- हो सकता है
एक लेखक के लिए fying!
इस पुस्तक में सामग्री अन्य phi- के साथ अच्छी
तरह से संरेखित
losophies और इस तरह की सराहना के रूप में
बदलने के लिए सिस्टम
जांच, सकारात्मक मनोविज्ञान, और भावनात्मक
खुफिया
(EQ)। मैं सवाल समूहों के लिए कार्यशालाओं में
सोच रही थी दिया है
कि रोजगार लड़ाई सीखना कार्यक्रमों और कंपनियों
में
बेहतर सीखने संगठनों बनने के लिए प्रतिबद्ध।
मैं रेडियो और टेलीविजन पर इस बारे में बात की
है। मैं भी पूर्व है

कई पेशेवर asso- में मेरे साथियों को यह काम भेंट ciations, प्रशिक्षण के लिए अमेरिकन सोसायटी सहित
विकास, अंतर्राष्ट्रीय कोच संघ,
संगठनात्मक विकास नेटवर्क, और के लिए सोसायटी
मानव संसाधन प्रबंधकों।
पाठकों और उन दर्शकों में लोगों के साथ resonate
सवाल सोच का मूल संदेश है - कि वास्तविक परिवर्तन
और सबसे spe- - हमेशा सोच में बदलाव के साथ शुरू होता है
cifically सवालों में हम अपने आप से पूछना। इस तरह की कहानियाँ
सुसान के बारे में भी उन्हें समझने में मदद कैसे व्यावहारिक और
इस विशिष्ट हो सकता है। सुसान से एक में एक भागीदार था मेरा
कॉर्पोरेट जांच कार्यशालाओं और एक साथ मदद के लिए कहा
काम पर दुविधा। वह अपने काम से प्यार है, लेकिन उसके साथ संघर्ष
मालिक उसे छोड़ दिया सोच रहा था कि वह अपनी नौकरी छोड़ देना चाहिए। जब मैं

सवाल पूछे जाने पर कि वह उसके बारे में खुद से पूछ रहा था, वह

5
परिचय

---------------------- ----------------------

पेज 23

ने उत्तर दिया, उसकी आवाज को बढ़त के साथ, "वह क्या करने जा रहा है
अब क्या गलत है? "और" कैसे वह मुझे बुरा लग रहा है? "
जाहिर है, जो कुछ भी संघर्ष का स्रोत, सुसान के चालू
किराए पर लेने के बारे में सोच लगभग किसी भी संतोषजनक संकल्प प्रस्तुत करना होगा
असंभव है।
मैंने महसूस किया कि सुसान उसके सवालों को बदलने की जरूरत
अगर वह एक बेहतर परिणाम चाहते थे। जब मैं एक नया एक सुझाव
उसे खुद से पूछना करने के लिए - "क्या मैं अपने मालिक बनाने के लिए क्या कर सकते हैं
अच्छे लग रहे हैं? "- वह पूरी तरह से चौंका देखा। इस सवाल

tion मानसिकता के साथ जो सुसान था बाहर स्पष्ट रूप से था
उसके मालिक को देखने गया! फिर भी, वह इसे एक कोशिश देने के लिए सहमत हो गए।
जब मैं सुसान और उसके पति के महीनों में भाग गया
बाद में, उसने मुझे एक बड़ी मुस्कान दे दी है और पूछा कि क्या मैं सुनना चाहता था
"चमत्कार" है कि काम पर हुआ था क्योंकि हम था के बारे में
बातचीत की। "मैं अपनी नौकरी रखा गया और एक को बढ़ावा देने और एक उठाना," वह
गर्व से सूचना दी। "लेकिन सबसे आश्चर्यजनक बात यह है कि मेरी
बॉस और मैं एक समिति पर काम करने के लिए स्वेच्छा से एक साथ,
भले ही हम एक ही कमरे में जा रहा से बचने के लिए इस्तेमाल किया। तथा
यह बहुत अच्छा निकला। "फिर सुसान का पति टिप्पणी की है कि
सकारात्मक परिवर्तन सब काम पर नहीं किया गया था। पर मुस्कुरा
उनकी पत्नी उन्होंने समझाया, "मेरे जीवन को आसान है के बाद से बंद कर दिया सुसान
हर रात उसके मालिक के बारे में शिकायत! "

परिवर्तन करते हुए अपने सवालों, बदलें, अपने जीवन में एक व्यवसायी है
कल्पित सत्ता, इसके प्रभाव काम की दुनिया की तुलना में बहुत व्यापक है।
और सुसान - - तुम बस बेन के रूप में, मिलेगा किया था, कि एक ही
सिद्धांत है कि व्यावसायिक स्थितियों में भी कर सकते हैं तो सफल रहे हैं
हमें बहुत हमारे निजी जीवन में संबंधों को बेहतर बनाने में मदद।

6
परिचय

--------------------- ---------------------

पेज 24

टेड के एक वरिष्ठ इंजीनियर एक जांच नेता भाग ले
एक फॉर्च्यून 100 कंपनी में जहाज कार्यशाला, गंभीरता से लिया
मेरे काम के अनुमान किया जा रहा से स्विच अभ्यास करने के लिए
एक रचनात्मक सीखने रवैया लेने के लिए। परिणाम? उस रात

रात के खाने में वह और उसके 16 वर्षीय बेटे को अपना सर्वश्रेष्ठ conver- था
एक वर्ष से अधिक में Sation। अगली सुबह टेड ने हमें बताया, "मेरे
बेटा ', मेरे बटन पुश' एक अलौकिक करने की क्षमता है और usu-
सहयोगी मेरी प्रतिक्रिया की तरह क्या आप एक Judger अपहरण कहते हैं। परंतु
कल रात को पूरी तरह से अलग था। मैं चारा नहीं ले रहा था, नहीं था
उस पर चिल्लाना और हम आम तौर पर हम जैसे एक लड़ाई में खत्म नहीं किया
करते हैं। "टेड खुद के साथ काफी खुश लग रहा था जैसे वह उल्लेख
कि उनके बेटे मुस्कराए था, उसकी आँखें लुढ़का, और चुटकी ली, "क्या
तुम्हारे साथ हुआ ?!"

जब मेरे प्रकाशक ने मुझसे पूछा कि एक दूसरे edi- लिखने के लिए
बदले की tion आपका प्रश्न, आपके जीवन को बदल, मैं इसे के रूप में देखा
एक अद्भुत अवसर नई सामग्री है कि अपने ग्राहकों को जोड़ने के लिए
और कार्यशाला में प्रतिभागियों को विशेष रूप से उपयोगी पाया है।

कुछ अध्यायों नए खिताब है और वहाँ भी कुछ नया कर रहे हैं
अध्याय: "हम सभी उबर रहे Judgers" (आप पर हंस सकते हैं
इस सच्चाई - दूसरों को भी, करते हैं), "शिक्षार्थी टीमें और Judger!
टीमें इस प्रकार हैं, "और" बचाव के लिए क्यू-तूफान। "इसके अलावा,
वहाँ सवाल सोच उपकरण खंड में नए उपकरण हैं बेन की कहानी के बाद।

मेरी पहली पुस्तक में, सवाल की कला, मैंने लिखा था कि
"सवाल दिन के उजाले में छिपे हुए खजाने की तरह हैं।"
मेरा लक्ष्य परिवर्तन के साथ अपने प्रश्न, बदलें, अपने जीवन है
एक आसान करने के लिए अनुवर्ती नक्शा प्रदान करने के लिए तो आप जल्दी से पा सकते हैं

7
परिचय

---------------------- ----------------------

पेज 25

कि खजाना और इसे अपना बनाना। मैं भी कहानी कहने का उपयोग
यह संभव पाठकों क्या सवाल का अनुभव करने के लिए बनाने के लिए
उनके जीवन के लिए ला सकता है सोच रहा हूँ। सवाल हमारे दिमाग खुला,
हमारी आँखें, और हमारे दिल। उन के साथ, हम कनेक्ट जानें, और
सर्जन करना। और उन लोगों के साथ, हम बेहतर वायदा और शर्त बना सकते हैं
आतंकवाद परिणाम है। मुझे आशा है कि बेन की कहानी आपको पता चलता है एक व्यावहारिक में,
वैसे, कैसे सवालों की एक दुनिया वास्तव में उन प्रकार के लिए नेतृत्व कर सकते हैं
संभावनाओं की।

वहाँ की खोज में कई महत्वपूर्ण निहितार्थ हैं
टेरिटरी में सवाल सोच करार दिया है। परीक्षा के लिए-
मिसाल, फर्क इन दृष्टिकोण और उपकरणों की कल्पना
शिक्षा के क्षेत्र में कर सकता है, parenting में, और स्वास्थ्य देखभाल के क्षेत्र में।
हम भी आश्चर्य हो सकता है, "क्या एक प्रश्न ले जा सकता है

मनुष्य के रूप में हमारे लिए परिप्रेक्ष्य में सोच रही थी संभव बनाते हैं

जो भारतीयों के रूप में खुद के लिए सकारात्मक वायदा बनाने के लिए तरस रही है

viduals, परिवारों, संगठनों, और हमारी दुनिया? "

मैं कार्यस्थलों और एक ऐसे समाज का एक सपना है - भारतीयों की

viduals, परिवारों, संस्थाओं और समुदायों - हैं कि जांच की भावना के साथ जीवंत। हमारा रुख होगा

तय राय और एक करने के लिए आसान जवाब में से एक से बदलाव

जिज्ञासा और विचारशील सवालों का। यह रास्ता है कि

खुले दिमाग और सफल collabora- के लिए रास्ता रोशनी

मोर्चे, अन्वेषण, खोज, और नवाचार के लिए - और के लिए

हम सब के लिए एक वांछनीय भविष्य की वास्तविक संभावना है।

अब यह बेन सफर और पता चलता है, के साथ साथ के लिए समय है

उसे कैसे अपने सवालों के बदलते वास्तव में बदल सकते हैं अपने

जिंदगी।

8
परिचय

---------------------- ----------------------

पेज 26

सत्य का 1 पल

मेरी मेज पर एक शीशम पेपरवेट
एक स्टर्लिंग चांदी पट्टिका घोषित भालू: महान परिणामों शुरू
महान सवालों के साथ। यह एक बहुत ही खास व्यक्ति से एक उपहार था
जोसेफ एस एडवर्ड्स - - मेरे जीवन में जो मुझे करने के लिए शुरू की
प्रश्न गु भनक, या क्यूटी, के रूप में वह कौशल बुलाया वह सिखाया
मुझे। क्यूटी कि अन्यथा मेरे मन का एक हिस्सा खोला मैं
कभी नहीं खोज हो सकता है। जैसे हर कोई, मुझे विश्वास है
जिस तरह से एक समस्या एक्स फाई के लिए सही जवाब के लिए देखने के लिए किया गया था।
इसके बजाय, यूसुफ मुझे पता चला है कि सबसे अच्छा तरीका है एक हल करने के लिए

समस्या आरएसटी फाई बेहतर सवालों के साथ आ रहा है। कौशल
वह मुझे मेरे कैरियर को बचाया पढ़ाया जाता है और के रूप में मेरी शादी को बचाया
कुंआ। दोनों de फाई समय में मुसीबत में nitely थे।

9

---------------------- ----------------------

पेज 27

यह सब तब शुरू हुई जब मैं एक स्थान लेने के लिए आमंत्रित किया गया था
QTec। कंपनी ने एक बड़ा फेरबदल के बीच में था
समय, और सड़क पर शब्द पर था कि, एक को छोड़कर
चमत्कार, वे गुना से पहले साल के बाहर था। एक दोस्त
मुझे चेतावनी दी है कि QTec के साथ एक स्थिति को स्वीकार होगा
एक डूबता हुआ जहाज पर साइन अप करने की तरह है। करने के लिए मुझे यकीन है क्या
जोख़िम लें? यह एलेक्सा Harte में मेरा विश्वास है, हाल ही था

QTec, जो मुझे पद की पेशकश की थी पर सीईओ नियुक्त किया है। मैं हो

KB कॉर्प, अपने पिछले रोजगार पर साल के लिए उसके साथ काम किया

एर, जहां वह एक प्रतिभाशाली नेता के रूप में मेरा सम्मान जीता था। उसके चुनाव

मोड़ QTec संक्रामक था आसपास के बारे में fidence। के अतिरिक्त,

वह मुझे एक महान पदोन्नति देने का वादा किया: भारी वेतन बढ़ाने, impres-

निर्णायक शीर्षक है, और एक inno- को विकसित करने में नेतृत्व के रूप में कार्य करने के लिए एक मौका

नए उत्पाद vative। यदि सब कुछ अच्छी तरह से चला जोखिम होता

इक्के में बंद का भुगतान। अगर नहीं । । । खैर, मैं उस बारे में सोचना नहीं की कोशिश की।

पहले मैं उच्च सवारी कर रहा था पर विश्वास मैं काम किया था

वायर्ड। एलेक्सा मुझे मेरे इंजीनियरिंग smarts और मैं के लिए काम पर रखा था

मैं जानता था कि कि गिनती पर पहुंचा सकता है। नए उत्पाद वास्तव में

मुझे intrigued और तकनीकी चुनौतियों को सही थे मेरे

गली। केबी पर - जहां एलेक्सा कहा कि वह देखा था मेरे mira- काम

cles - मैं के रूप में उत्तर लड़का पुरस्कार जीत लिया था। मैं नीचे का सामना करना पड़ा हम देख रहे हैं

सबसे मुश्किल तकनीकी समस्याओं, एक के बाद एक सही।

हालांकि, QTec पर मैं भी चुनौती का एक अलग तरह का सामना करना पड़ रहा था

लेंगे - एक टीम का नेतृत्व। मुझे यकीन है कि आसान हो जाएगा था

भले ही एलेक्सा मुझे पता है कि मैं में प्रयास डाल करने के लिए होगा

मेरे लोगों और प्रबंधन कौशल का विकास।

मेरी टीम एक उत्साही और प्रतिभाशाली गुच्छा लग रहा था

10

अध्याय 1

---------------------- ----------------------

पेज 28

और एक के लिए है, जबकि सब कुछ बहुत अच्छा हो गया था। तो फिर काम पर जीवन

unraveling शुरू कर दिया। ऐसा लगता है जैसे अचानक एक स्पष्ट सुर्खियों था
मेरी कमियों पर ध्यान केंद्रित किया गया था। मैं यह कहने की हिम्मत नहीं है, लेकिन
चुपके से मैंने फैसला किया मैं हारे का एक गुच्छा के साथ फंस गया था।

मामले को बदतर बनाने के लिए, वहाँ चार्ल्स था। इससे पहले कि मैं
QTec पर सवार आ गया वह काम मैं था के लिए पर पारित किया गया था
की पेशकश की गई। मैं समझ सकता है इसलिए उसने मुझे क्रोध करना हो सकता है।
और, बस के रूप में मैं उम्मीद थी, वह से एक असली उपद्रवी था
शब्द जाना, सब कुछ मैंने कहा और किया पर सवाल उठाया।

हालात बद से बदतर हो गया था। हमारे जहाज डूब रहा था
और मैं समझ नहीं सका लीक प्लग करने के लिए कैसे। टीम
कोई चर्चा नहीं, कोई समाधान - बैठकों एक प्रहसन थे। तथा
कोई भी मुझे याद दिलाना है कि अगर हम अपने prod- नहीं मिल सका था

प्रतियोगिता से पहले बाजार के लिए UCT, हम साबित होगा
वालों में सही है।
जीवन में ज्यादा घर पर बेहतर नहीं था। तनाव बढ़ रहा था
ग्रेस, कम से कम आठ महीने की मेरी अद्भुत पत्नी के साथ।
वह लगातार मुझे क्या काम पर जा रहा था के बारे में पूछा।
अंत में, एक दिन मैं बस उसे बताया कि वह भी कई पूछ रहा था
सवाल है और वह उसकी नाक मेरे कारोबार से बाहर रखना चाहिए।
वह चोट लगी थी, मैं दुखी था, और मैं vaguest विचार नहीं किया था
इसके बारे में क्या करना है।
मैं अनुग्रह नहीं चाहता था कि कितना मुश्किल पता है मैं
ले रहा था। मैं हमेशा समस्याओं को सुलझाने में बहुत गर्व ले लिया था
कि हर कोई चकित। किसी भी भाग्य के साथ इस बार,
सही जवाब अनुग्रह, एलेक्सा पहले तक होगा, और अपनी टीम पर लोगों को पता चला काम मेरे सिर पर रास्ता था।

1 1
सच्चाई का क्षण

---------------------- ----------------------

पेज 29

इस बीच मैं खुद के लिए अधिक से अधिक रखा है और अपना सर्वश्रेष्ठ किया था
सिर्फ एक दिन के माध्यम से प्राप्त करने के लिए।
मैं चक्कर में पड़ और अभिभूत था। यह every-तरह लग रहा था
मेरे जीवन में बात टूट रहा था। तब भयंकर turn-आया
आईएनजी बिंदु। अनुग्रह और मैं सुबह में एक तर्क था और
केवल घंटे बाद काम पर एक बड़े संकट नहीं था। कोई भी नहीं
यह कहा है, लेकिन मैं इसे अपनी आंखों में देख सकता था: हम पकाया गया। यह
सच तो यह है की मेरी क्षण था।
मैं अकेला हो सकता है और सच्चाई का सामना करने की जरूरत है। मैंने फोन किया और अनुग्रह एक संदेश है कि मैं एक सब nighter में डाल होगी खत्म करने के लिए छोड़ दिया
एक महत्वपूर्ण रिपोर्ट। तो मैं पूरे लंबे रात बिताई

मेरे कार्यालय, दीवारों घूर, अभी भी खोज के लिए सख्त
सही जवाब है, और सबसे अधिक विनाशकारी सप्ताह पुनः जीने
मेरा जीवन। मैं अपने आप को बताया कि मैं सच्चाई का सामना करना पड़ा; मैं असफल रहा था। केवल
छह के बाद उस सुबह मैं कॉफी के लिए बाहर चला गया और फिर शुरू
मेरे इस्तीफे का मसौदा तैयार। मैं तीन घंटे बाद समाप्त हो गया, कहा जाता है
एलेक्सा है, और उसे तुरंत देखने के लिए इंतजाम किए।

एलेक्सा के सूट के लिए चलना एक सौ से भी कम था
गज। यही कारण है कि सुबह यह एक सौ मील की तरह महसूस किया। जब मैं
उसके कार्यालय के बड़े डबल दरवाजे के लिए मिला है मुझे रोका और ले लिया
एक गहरी साँस मेरी मानसिक संतुलन हासिल करने के लिए। मैं लिए वहाँ खड़ा था
कुछ देर क्षणों, तंत्रिका दस्तक करने के लिए काम कर रहे हैं। जिस प्रकार
मैं अपने हाथ उठा था, मैं मेरे पीछे एक आवाज सुनी।

"बेन नाइट, आप यहाँ कर रहे हैं। अच्छा अच्छा!"
यह एलेक्सा था। कोई ग़लती है कि आवाज नहीं थी, हमेशा
हंसमुख, आशावाद की भावना exuding भी जब चीजें
बुरी तरह से जा रहे थे। में एक आकर्षक, एथलेटिक दिखने औरत को

12
अध्याय 1

---------------------- ----------------------

पेज 30

उसे जल्दी अर्द्धशतक, वह आत्मविश्वास निकलने वाली। मैं अनुग्रह बताया कि
मैं काफी एलेक्सा तरह किसी को भी कभी नहीं मिला था। वह उनसे संपर्क किया
असीम उत्साह के साथ QTec पर जिम्मेदारियों। यह
नहीं था कि वह अपने काम को गंभीरता से नहीं लिया। उसने कहा था कि में
हुकुम! लेकिन वह यह ऐसी खुशी और आत्म आश्वासन के साथ किया था
वह यह आसान लग रही बनाया है।

उस पल में, उसकी उपस्थिति मात्र से मुझे तीव्रता से बनाया
मेरी खुद की कमियों के बारे में पता। मैं सुन्न महसूस किया है, मुश्किल से बड़बड़ा
एक वश में अच्छी सुबह के रूप में वह मेरे कंधे को छुआ और
मुझे उसके कार्यालय में शुरुआत की।

कमरा, विशाल था एक बड़े रहने का आकार
सबसे अच्छा कार्यकारी घर में कमरे। मैं गहरे हरे रंग की कार- पार
peting, मुलायम धरती पर, और अधिक बड़े बे करने के लिए चला गया
खिड़की जहां बैठक क्षेत्र स्थापित किया गया था। वहाँ दो
overstuffed सोफे के एक बड़े अखरोट भर में एक दूसरे का सामना करना पड़ा
कॉफी टेबल।

"बैठो!" एलेक्सा कहा, एक करने के लिए एक स्वागत तरह से इशारा
सोफे की। "बेटी ने कहा कि अपनी रोशनी पर जब वह छोड़ दिया
सात बजकर तीस मिनट पर कल रात उसके कार्यालय, और तुम यहाँ जब थे
वह आज सुबह में आया था। "

वह मुझ से भर अन्य सोफे पर बैठ गए।

"मुझे लगता है कि मेरे लिए क्या है?" एलेक्सा पूछा, की ओर इशारा करते
है कि मैं पर रखा गया था हरी फ़ोल्डर अपना इस्तीफा युक्त
कॉफी टेबल।

मैं सिर हिलाया, उसे इसे लेने के लिए के लिए इंतज़ार कर रहे। इसके बजाय, वह
तलाश के रूप में अगर वह दुनिया में हर समय था वापस टेके।

"मुझे बताओ कि तुम्हारे साथ क्या हो रहा है," उसने कहा।

13
सच्चाई का क्षण

---------------------- ----------------------

पेज 31

मैं हरी फ़ोल्डर की ओर इशारा किया। "यह मेरे इस्तीफे की है। मैं हूँ
क्षमा करें, एलेक्सा। "

अगले ध्वनि मैंने सुना मुझे ठंड बंद कर दिया। यह नहीं था एक
हांफी, तिरस्कार का एक शब्द भी नहीं है, लेकिन हंसी! यह क्रूर नहीं था

हँसी, या तो। मैं क्या याद किया था? में समझ नहीं पाया।

कैसे एलेक्सा अभी भी सभी के चेहरे पर सहानुभूति लग सकता है

मैं बँधा हुआ था?

"बेन," उसने कहा, "आप मुझ पर छोड़ने के लिए नहीं जा रहे हैं।" वह

मेरी दिशा में फ़ोल्डर गिरावट। "यह वापस ले लो। मैं और अधिक जानना

अपनी स्थिति के बारे में की तुलना में आप का एहसास। मैं तुम मुझे देना चाहता हूँ

कम से कम छह सप्ताह। लेकिन समय की अवधि के लिए, आप है

परिवर्तन करने के लिए प्रतिबद्ध है। "

मैंने पूछा चुप "आप इस बारे में यकीन है?"।

"मुझे आप इस तरह का जवाब दो," वह जारी रखा। "अनेक

साल पहले, मैं एक स्थिति है तुम्हारा के समान में था। मैं का सामना करना पड़ा

तथ्यों। यदि मैं सफल होना चाहता था मैं कुछ करने की आवश्यकता होगी

मौलिक परिवर्तन। मैं बहुत बेताब था। द्वारा एक आदमी

यूसुफ के नाम पर मुझे नीचे बैठ गया और कुछ straightfor- को कहा

वार्ड सवाल, सतह पर साधारण लोगों को। लेकिन जो सवाल

माहौल दरवाजे में भी कभी नहीं पता था अस्तित्व में खोला गया। उन्होंने पूछा, 'क्या

आप को तैयार अपनी गलतियों के लिए जिम्मेदारी लेने के लिए है - और

दृष्टिकोण और काम है कि उन्हें करने के लिए नेतृत्व के लिए? 'फिर वह

ने कहा, 'आप तैयार हैं - हालांकि begrudgingly - माफ करने के लिए

अपने आप को, और यहां तक कि ', और अंत में' अपने आप पर हंसते हैं? क्या तुम

अपने अनुभवों में मूल्य के लिए लग रही है, विशेष रूप से सबसे diffi-

पंथ लोगों को? 'नीचे पंक्ति,' आप से सीखने के लिए तैयार कर रहे हैं क्या

हुआ है और उसके अनुसार परिवर्तन कर? ''

14

अध्याय 1

---------------------- ----------------------

पेज 32

वह कैसे यूसुफ के काम नहीं बदला मुझे बताने के लिए पर चला गया

केवल उसके जीवन लेकिन उसके पति स्टेन के रूप में अच्छी तरह से। "स्टेन त्रिकोणीय है पिछले कुछ वर्षों में अपनी आय pled। उन्होंने कहा कि सफल विशेषताओं उपकर वह और उनकी कंपनी क्या यूसुफ सिखाया करने के लिए आज का आनंद उसे। यूसुफ यह सब के बारे में बताना होगा। उन्होंने sto- बताने के लिए प्यार करता है शिक्षा संस्थानों, विशेष रूप से कैसे लोगों के जीवन को बदल रहे थे के बारे में लोगों को उनके सवालों को बदलने के द्वारा। "

मैं उलझन में देखा होगा, क्योंकि उसने कहा, "मैं क्या सवाल है कि बदलने से क्या मतलब के बारे में जनता में चिंता मत करो मिसाल के जीवन। तुम उस के बारे में जल्द ही पर्याप्त सीख जाओगे। "वह रुका हुआ है। फिर, ध्यान से मापा शब्दों में, उसने कहा, "मैं आप करना चाहते हैं मेरे दोस्त यूसुफ, तुरंत शुरू करने के साथ काम करते हैं। मुझे यकीन है वह आप के साथ एक बार की संख्या को पूरा करने के लिए चाहता हूँ। अंदाजा लगाओ उसके साथ अनुसूची। यह सर्वोच्च प्राथमिकता है। "

"वह क्या है, एक चिकित्सक?" एक हटना देखने का विचार

मुझे परेशान कर दिया।

एलेक्सा मुस्कुराया। "नहीं, वह एक कार्यकारी कोच है। मैं उसे बुलाता हूँ
एक जांच टीम के कोच। "

कोच जांच! मैं सब कुछ जानता था, तो यह था कि मैं जवाब, नहीं तो और अधिक प्रश्नों की जरूरत है। क्या अच्छा कर सकते थे
अधिक सवाल संभवतः मेरे लिए हो सकता है?

जैसा कि मैंने छोड़ दिया है, एलेक्सा नीचे कुछ लिख और इसे सील
एक लिफाफा। "अंदर इस लिफाफा एक भविष्यवाणी मैं कर दिया है,"
वह रहस्यमय तरीके से कहा, मेरे लिए यह सौंपने। "है कि हरे रंग में रखो
तुम्हारी फ़ोल्डर और यह खुला नहीं है आप पूरा कर दिया है जब तक
यूसुफ के साथ। "अपना काम फिर वह मुझे अपने व्यवसाय को दे दिया
कार्ड। मैं इसे खत्म कर दिया। पर एक बड़ा सवालिया निशान नहीं था

15
सच्चाई का क्षण

दूसरी ओर। यह वास्तव में मुझे चिढ़। विचार यह है कि मैं होगा
एक आदमी जिसका लोगो एक सवाल था के साथ बहुमूल्य समय खर्च
tion निशान सब कुछ मैं विश्वास के खिलाफ चला गया।

मेरे अपने कार्यालय में वापस, मैं पीछे कुर्सी में ढह मेरी मेज। मेरी आँखों की दीवार पर एक छोटे से सोने का पानी चढ़ा फ्रेम पर गिर गया।
यह एक कहावत है, सिर्फ दो शब्दों तक आयोजित: प्रश्न सब कुछ!
यह एक उद्धरण अल्बर्ट आइंस्टीन के लिए जिम्मेदार ठहराया था। बहुत सारे कमरे
QTec पर बिल्कुल यह एक तरह एक फंसाया घोषणापत्र निहित।
जितना मैं सम्मान और एलेक्सा के नेतृत्व की सराहना की,
यह मुझे हमेशा के लिए विवाद का एक मुद्दा हो गया था। नेताओं
जवाब, नहीं प्रश्न हैं चाहिए।

मैं अभी भी प्रश्न चिह्न के साथ जोसेफ कार्ड पकड़े हुए था
पीठ पर। क्या मैं अपने आप में मिल गया था? केवल समय

बताना होगा। कम से कम मुझे इस्तीफा देने के लिए अपने निर्णय पर बंद डाल सकता है। मेरे ध्यान अनुग्रह करने के लिए स्थानांतरित कर दिया। मैं कभी भी कैसे सुचारू करने के लिए जा रहा था
उसके साथ बातों पर? उस पल में वहाँ केवल एक ही था
एलेक्सा अनुग्रह के बारे में नहीं कहा था - बात आभारी होना करने के लिए
और मैं। मुझे लगता है कि पिछले भूसे हो गया होता। मुझे पता था
एलेक्सा मेरी पत्नी का शौक था - वह भी हमारे wed- करने के लिए आया था
डिंग। वह हम कर रहे थे पता लगाने के लिए खुश नहीं किया गया है
परेशानी है।

मैं एक लंबे समय के लिए बस जोसेफ कार्ड घूर के लिए वहाँ बैठे थे।
तथ्य यह है कि एलेक्सा मेरा इस्तीफा स्वीकार करने से इनकार कर दिया था
एक छोटी सी आशा की पेशकश की। मैं प्रोत्साहित किया गया था कि वह उल्लेख होगा
मुझे उसके स्वयं के संरक्षक है। हालांकि जूरी अभी भी बाहर था

चाहे वह मुझ में उसका विश्वास लायक थे पर, मैं करने के लिए कुछ भी नहीं था
इस जांच के कोच के साथ एक नियुक्ति रखकर खोना

16
अध्याय 1

---------------------- ----------------------

पेज 34

पुरुष। इसके अलावा, भले ही मैं उलझन में था, मैं भी उत्सुक था।
यदि यह यूसुफ एलेक्सा और स्टेन इतना, हो सकता है मदद की थी
वह जवाब है कि मुझे भी मदद मिलेगी था।

सब कुछ पूछो!

17
सच्चाई का क्षण

---------------------- ----------------------

पेज 35

यह पृष्ठ इच्छापूर्वक कोरा रखा गया

---------------------- ----------------------

पेज 36

2 एक चुनौती को स्वीकार किया

जोसेफ एस के साथ मेरी नियुक्ति
एडवर्ड्स दस बजे से अगली सुबह था। मैं अनुग्रह नहीं बताया
इस बैठक के बारे में है और न ही एलेक्सा के साथ मेरी बातचीत के बारे में।
और मैं निश्चित रूप से मेरे इस्तीफे लिखने के बारे में उसे नहीं बताया।
उन्होंने स्वीकार किया कि मैं मुसीबत में कभी नहीं था मेरे लिए आसान आया था। के लिये
सप्ताह अब मैं अनुग्रह अड़ंगा किया गया था और अधिक लग रहा है
और उसके सभी सवालों के बारे में अधिक नाराजगी। जब तक मैंने पाया
सही जवाब और समाधान मैं कठिन करने के लिए निर्धारित किया गया था
इसे बाहर और अपने आप को अपनी समस्याओं को रखने के लिए। लेकिन जैसा कि आम तौर पर hap-
अनुग्रह के साथ pened, मैं अपनी समस्याओं छुपा में इतना अच्छा नहीं था।
मैंने महसूस किया जाना चाहिए था वह अधिक कुछ पता था की तुलना

19

---------------------- ----------------------

पेज 37

हमेशा की तरह काम के तनाव से मुझे परेशान कर रहा था। उस सुबह पर
हवाई अड्डे के लिए हमारे रास्ते जहां अनुग्रह एक विमान पकड़ने गया था
किसी दूसरे शहर में एक लंच बैठक के लिए, वह एक के लिए चीजों को लाया
सिर। जैसा कि मैंने टर्मिनल पर अंकुश लगाने के लिए ऊपर खींच लिया, उसने मुझसे कहा,
"मैं एक विधवा की तरह हाल ही में महसूस किया गया है। आप इतनी दूर किया गया है
और मूडी। बेन, तुम मेरे साथ एक वास्तविक भागीदारी चाहते हैं,
आप कुछ परिवर्तन करने के लिए जा रहे हैं। "
भगवान जानता है कि मैं अनुग्रह प्यार करता हूँ लेकिन मैं का सबसे अच्छा में नहीं था
मूड।
अधिक कठोरता "मैं यह अभी जरूरत नहीं है," मैंने उससे कहा,
से मैं इरादा।
अनुग्रह दंग रह देखा। मैं कार से बाहर हो गया उसे पाने के लिए

ट्रंक से अटैची। जैसा कि मैंने उसे सौंप हमारी आँखों से मुलाकात की,
और एक पल के लिए मुझे डर है कि वह रो रहा था। मुझे पता था
यह सही है कि उसकी तरह नहीं जा रहा था, लेकिन मुझे लग रहा धकेल दिया गया था।
इसके अलावा, अगर मैं एक लंबे समय से चर्चा में घसीटा गया, मैं देर हो चुकी होगी
यूसुफ के साथ मेरी नियुक्ति के लिए। हमारी छोटी सी समस्या होगा
इंतज़ार करना होगा। अनुग्रह एक मुस्कान के लिए मजबूर किया, मुझे बताया कि वह वापस होगी
उस रात, लेकिन उसे उठा के बारे में चिंता करने के लिए नहीं। वह मिलता था
एक्सप्रेस शटल घर। वह बदल गया और जल्दी से लापता
भीड़ में peared।
मैं गुस्से में था। क्यों वह इस विशेष का चयन करने के लिए किया है
सुबह एक लड़ाई लेने के लिए? मैं हिट एक्सीलेटर और में बाहर निकाला
यातायात। हार्न्स विस्फोट। मैं कुछ आदमी के रूप में अपने ब्रेक पर पटक दिया
आईएसी द्वारा निकल, मुश्किल से मुझे याद आ रही है। मैं नाराज था। कि बीच

निकट टक्कर, अनुग्रह के साथ संघर्ष, और एक में भाग लेने के लिए होने
बैठक में मैं खूंखार, मेरी सुबह एक बहुत ही खराब शुरुआत के लिए रवाना किया गया था।

20
अध्याय 2

---------------------- ----------------------

पेज 38

यूसुफ के कार्यालय, शहर पर्ल इमारत में था एक चौदह मंजिला इमारत 1930 के दशक में और हाल ही में निर्मित
बहाल। करने के लिए धन्यवाद कई 21 इस। विचार 22 अध्याय 2 गौरव। ज़रूर। 23 जवाब। Ly। मुस्कुराते हुए कहा। 24 अध्याय 2 समझना। रहता है। चीज़। 25 हम दोनों हँसे। मैंने निर्णय किया है कि अन्यथा और फिर से। प्रशन तुम्हे मुझे देने दो इसके बारे में सोचें। मेरी सहमति दे चूका हूँ। । । । " 26 अध्याय 2 परंतु लक्ष्य। । । 27 मन। लाठी। उस। वो मानती है तुम में। 28 अध्याय 2 मैं हूँ 29 30 अध्याय 2 तथापि, मुझे? मैंने कहा। आप 31 मैंने कंधा उचका दिया। कृपया पढ़ें 32 अध्याय 2 कोई बात नहीं। क्या 33 सफलता।" मैं शायद

जवाब। 34 अध्याय 2 जारी रखा। 35 हमें। छोटे अंधकारमय। नहीं 36 अध्याय 3 " 37 माँ मैं क्या सीख सकते हैं? ई रों ज n मैं ओ U सी n प्रारंभ क्यों परेशान? वे क्या हैं मैं क्या हूँ किसका क्या गलत है मेरे साथ? क्या गलत है ये है I Am के लिए क्या आप इच्छुक हैं उन पूरी दुनिया 40 अध्याय 3 सामग्री साथ में। उस। । । । । 41 अरे नहीं! में मुस्कुराओ। पूछताछ। "हाँ! 42 अध्याय 3 व्याख्या की। के बग़ैर 43 उस वाहवाही! 44 अध्याय 3 अन्य लोग। नहीं 45 उसके बारे में? उसके मैं 46 अध्याय 3 पहर। " आपको बताना। 47 करते हुए? माहौल। 48 अध्याय 3 मैं हँसा मैं निश्चित रूप से मैंने कंधा उचका दिया। हुक। मैं उदास। 49 क्या गलत है? क्या काम करता है? मैं क्या सीख सकते हैं? क्या है क्यों परेशान? 50 अध्याय 3 आप। होगा मुझे लगता है क्या हुआ? मैं क्या सीख सकते हैं? जाहिर है। 51 जिज्ञासु। । । "अच्छा! मैं 52 अध्याय 3 आईएनजी। क्या आप कॉल कर सकते हैं 53 मैंने लिया लेकिन यह क्या था? 54 अध्याय 4 । । जाहिर है। ऋषि। भी। 55 अधिक। सामान। नशे की लत। 56 अध्याय 4 वह था 57 लाइन। जो कुछ 58 अध्याय 4 59 उन तुम

हो। इसके साथ। कर । । 60 अध्याय 4 "हाँ। तथा 61 एक बात मैंने शुरू किया 62 अध्याय 4 मैं हूँ 63 वह दिखाई दी फ्रिज। एलईएम। 64 । । " मिसाल। ज़रूरी। यह है बेहतर है। 65 शिक्षाओं। देख। इस यह? अभी? । । सिद्धांत। माहौल। 66 मैं था घंटे। 67 हाल ही में। मैं था । । पहर। । । मैं वास्तव में था 68 एक और। । । । " आवाज़। मैं पहले से ही था फिर? उन पथ। आप ऐसा कर सकते हैं 69 उसे मिला आप 70 तुम अपने आप को लेने के लिए मेरे पास है एक प्रिय, 71 मैं पर अच्छा! उस 72 वाे पलटा आईटी इस दो। क्या वे 73 देखिए आप पहुंचिये अध्याय 6 ई n ए एल जी रों एल ई ए आर ई आर U ई रों टी n v मैं घ जम्मू U घ जी आर पी मैं टी दुनिया। । । कहा। 75 '। । । यही कारण है कि मिसाल। पथ। किताब। मैं जल्दी जल्दी। "चलो यह है पहर। 76 अध्याय 6 ओह, 77 मुस्कराते हुए। विचार यही कारण है कि बिंदु अध्याय 6 79 कहां करोगे तथा अध्याय 6 शत्रुतापूर्ण। वो थे फिर? 81 क्या जब भी वह परंतु अध्याय 6 । । उसका सिर। इस्तीफा देने। मैं हूँ अवधि! उन्हें। बाद 84 अध्याय 6 बहुत अलग। फिर । सब कुछ 85 Copyright मैं था 86

अध्याय 6 व्याख्या की। "मैं 87 तथा । । कुंआ, अंतर्दृष्टि। तुम्हारी किस बारे में बोलने की इच्छा थी? बाहर। इसलिए मैं के अंतर्गत 88 अध्याय 6 चुनौती। उन में "हाँ! 89 वास्तव में, मुलाकात। 90 अध्याय 6 । । " समय - समय पर। आईटी इस 91 स्वीकार करना वह बंद। 92 अध्याय 7 वह क्या हैं तथ्यों? परंतु तथ्यों? भाग्य। 94 अध्याय 7 यह मैंने ढूंढा टिप्पणियाँ। 95 कभी कभी मेरा मतलब, खुद। 96 अध्याय 7 पर आप एक के लिए होता है zation। क्या 98 अध्याय 7 यह था यह 99 किस तरह ने उत्तर दिया। कैम्पबेल। बहुत साल पहले। 100 अध्याय 8 क्या आप देख रहे हैं रहे 101 किस तरह उन पर। उसे पसंद है 102 अध्याय 8 तुम कैसे हो । । । । " 103 साथ में? अध्याय 8 मेरे पास हमेशा रहा है भी। आईएनजी। 106 अध्याय 8 इसका मतलब कुछ भी तो नहीं 107 जो अपने संबंधों। परंतु 108 अध्याय 8 मजाक में कहा। । । पर। मैंने सोचा। पूछना मैं मैं अध्याय 8 आस्तीन। 111 यह पृष्ठ इच्छापूर्वक कोरा रखा गया वेंट। 113 बातचीत। उस 114 अध्याय 9 देर से। मैं ला रही थी संदेश। कौन था । । मैं मैं वास्तव मै दुर्घटना! आईएनजी। मैंने किया उस। एक। 116

अध्याय 9 व्याख्या की। यह। मुझे यकीन था मैं कलम। चाहता था। के लिये 118 अध्याय 9 मैं मुझे। शक। मैं काम। 119 लेख मैं असंभव है। और कौन? 120 अध्याय 9 आप क्या आपको पता है? पूछ रहे हैं। पर। हसना। मैं झूठ बोल रहा था 121 मैं भूल? मुझे मिला मुश्किल है। साथ में। सुंदर यह अध्याय 9 दिन सफलताओं। गलत। प्रतिशत। मज़ा। जिज्ञासा थे प्रशन? जिज्ञासु। 124 अध्याय 9 तथा 125 "मैं फिर वह और मै 126 अध्याय 9 आगमन। आज, 127 मैंने प्रस्तुत किया मैं भी इस वह शुरू हुआ। 128 अध्याय 10 । । यह 129 पुरुष। में ऐसा था 130 अध्याय 10 माहौल। वो था, 131 फिर वह इसके बारे में। यह जल्दी जल्दी। मैंने क्या किया इस पर। "वह अध्याय 10 । । 133 । । फिर वह "। । । अध्याय 10 मैं था 135 परिवर्तन। मैं था चार्ट। चाहते हैं? अध्याय 10 137 सरल अध्याय 10 देर से। मैं द्वारा। 139 । । तथा । । समय सीमा । । । । अध्याय 11 मैं वास्तव में आपने बदल दिया। लेना? काम। लोगों को। । । कोई और तरीका नहीं । । " 141 आप क्या हैं । । " । । "कुंआ?" । । यह था कहते हैं। । । यहां तक कि मैं क्षणों। 142 अध्याय 11 ओह, नेता। उसके। । ।

तब मैं था । । " । । । " आप जानते थे क्या? 143 "नहीं! नहीं! नहीं! था स्पष्टीकरण। मैं वास्तव में 144 अध्याय 11 सेवा मेरे। शायद । पर। । । पर 145 वहा था जब मैं मिला । । इस मैं नहीं था। 146 अध्याय 11 हम मेने कहा 147 यह पृष्ठ इच्छापूर्वक कोरा रखा गया 149 परिस्थिति। 150 वहीं दूसरी ओर, व्याख्या की। सही? 151 बाद यह था परंतु 152 हर दिन।" 153 नेता। एक। वह विचारधारा। । । । " क्या 154 155 यह पृष्ठ इच्छापूर्वक कोरा रखा गया से प्रत्येक 157 नवाचार। मैं तुम से सुनने के लिए प्यार होता। 158 159 अपने आप को। शायद नही। 161 घड़ी। परिणामों। बैठिये कार्रवाई के लिए। पल। 162 ये हो सकता है कहां 163 दूसरों! 164 वह तो यहां तक कि एक tion; में परिणाम क्या था? 168 अगर दुकानें। हमारी आप 171 172 तरीके। सफलता। अक्सर, 174 प्रशन 175 176 चारों ओर। 177 टीमों। वो कर सकते हैं 178 179 180 यह भी स्थान। तथापि, 181 आप ऐसा कर सकते हैं 182 183 प्रत्येक नहीं आपका विचार। अंदर । । । । । । । । । 185 यह पृष्ठ इच्छापूर्वक कोरा रखा गया टिप्पणियाँ । । 187 । । । 188 टिप्पणियाँ

Acknowledgments 189 मैं LED 190 Acknowledgments 191 Acknowledgments यह पृष्ठ इच्छापूर्वक कोरा रखा गया लेखक के बारे में 193 इस 194 लेखक के बारे में 195 लेखक के बारे में कृपया जमीनी स्तर। नेटवर्क 0 1 4 1 3 I 5 1 6 0 8 0 माहौल। रहता है। तरीके।